絶景に泊まる

本書「絶景に泊まる」は大自然の絶景キャンプ地（場）で眠り起きる。またはキャンプ地で眠り、起きて最寄りの絶景地へ向かう、としております。全国を8エリアに分け、インスタグラマーが撮影したおすすめ絶景写真を基にキャンプ地の紹介をするガイドブックです。

本書にご協力いただいたインスタグラマーの方々は、多くのフォロワーがいるインフルエンサーはじめカメラマン、フォトグラファー、登山家、キャンパーなど、さまざまな目線から捉えた一枚、絶景がみせる息を飲む一瞬が切り取られた写真をお楽しみください。

「絶景」に対し七つの視点から制作いたしました。

一 1箇所で2度楽しむ。 ～別の顔を見せる絶景～
同じキャンプ地であっても季節、時間帯などで全く別の顔を見せる絶景地

二 キャンプビギナーでも安心の設備情報。
キャンプビギナーにとってキャンプ地の設備有無は重要、わかりやすいマークで表記

三 インスタグラマーの「絶景」の撮り方指南。
インスタグラマーの「絶景」撮影方法などのコメントを掲載

四 インスタグラマーのこだわりキャンプスタイル。
インスタグラマーのキャンプの楽しみ方などのコメントを掲載

五 全国47都道府県絶景&穴場絶景網羅。
北海道、東北、関東、中部、関西、中国、四国、九州・沖縄の8エリアに分け全ての都道府県の絶景紹介
※一部収容可能人数が少なく予約が困難、設備の改修工事予定があるなど、諸事情につき正確な所在地が掲載NGになっています。

六 テーマを掴む。 ～山・川・海・雲上・岩壁・渓谷・高原・離島・湖畔・岬・棚田・星空・夜景・夕焼けなど～
どんな絶景地を見たいか？　泊まりたいか？　わかりやすくカテゴライズ

七 無理はしない！～過酷な季節、エリアは経験を積んでから～
※いつか泊まってみたい目標や憧れのキャンプ地。しっかりとした登山・キャンプの経験、技術や体力を身につけた上級者が対象になります。

すぐにでも泊まれるお近くのキャンプ地から、いつかは泊まりたい憧れのキャンプ地まで一挙130以上の絶景地を紹介しています。ぜひあなたに合う絶景キャンプ地を探してください。

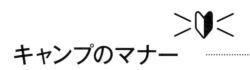

キャンプのマナー

騒音

「音問題はトラブルになりやすさNo1」

大声で会話する、音楽を大音量で聴くなど迷惑行為は慎もう。クルマのドアの開閉音も意外と響くので、特に夜間は気を遣って。早く就寝する人もいれば、朝も起床時間は人それぞれで活動時間が異なることを念頭に行動しよう。

ゴミ

「ゴミ捨てはキャンプ地（場）の設けたルールを厳守！」

基本的にゴミは自宅に持ち帰りだが、ゴミ捨て場がある場合も分別の仕方などキャンプ地によってルールは異なるので、しっかり守ろう。排水溝の詰まりの原因になるので、生ゴミを炊事場の流し台に放置しないのは当たり前。

コミュニケーション

「すれ違う人や近隣サイトの人とは笑顔でご挨拶」

ご近所付き合いと同じで、挨拶があってコミュニケーションが取れていると、もし何かご迷惑をおかけするようなことがあっても、揉めるような事態には発展しにくくなる。困りごとがあった際もお互い助け合いの精神で。

キャンプサイト

「人のサイトに勝手に入らない・横切らない」

区画サイトは言わば、家やホテルの部屋と同じ。近道だからと横切る、勝手に入ることはご法度である。子供が知らずに侵入してしまうこともあるので、教えておくこと。道具も隣サイトにはみ出したりしないよう気を配ろう。

共有スペース

「油汚れは拭き取る！ シンクの独占は禁物」

環境面からも汚れた食器や調理器具はキッチンペーパーなどで拭いてから洗おう。空いていたとしても炊事場では物の置きっぱなしや独占はNG。トイレなど共有スペースをキレイに使用し、次に使う人への心配りを。

火

「火の不始末は超危険！ 実際に火事も起きている」

炭や焚き火の後始末をきちんとせずに他のゴミと一緒に捨てて火事になる…。これは実際に起きていることである。火が完全に消えているか確認しないで就寝し、突然の強風で…、ということもあるので消火まで責任を持って。

紛失

「紛失・盗難回避に、目印を付け事前に予防」

皆が同じような道具を持っているため、区別が付かなくなったり、悪気なく持ち帰られてしまうことも。皆が集まる炊事場や入浴施設はその傾向が高まるので、ステッカーやマステを貼っておくだけでも目印として有効だ。

※それぞれのキャンプ地（場）には独自のルールがあります。
事前に確認し、しっかりルールを守りましょう。

本書の使い方

A 全国エリア／都道府県
B 絶景地までの距離
C 絶景地／カテゴリー
D インフルエンサー（撮影者）ユーザー名／コメント
E キャンプ地名／最寄りICからの交通の目安

F キャンプ地（場）データ

住	：キャンプ地住所
電	：電話番号
営	：営業期間
休	：定休日
IN,OUT	：チェックイン/アウトの時間
料	：大人宿泊料金
サイト	：サイト数（一般サイト、オートサイト、フリーサイトなど） ※サイトの単位は「区画」で統一しておりますが、一部テント場などでは「張」としております。
駐	：駐車場収容台数
予	：予約方法　※「ウェブ」の場合キャンプ地（場）名で検索

G キャンプ地（場）施設・設備情報

WC	シャワー	売店	常駐管理	コテージ、グランピングなど	Wi-Fi	テント貸出	炊事場	蛇口からお湯	ランドリー	ゴミ処理	焚き火台などの器具を使用しての焚き火	ペット同伴
トイレ（洋）洋式（和）和式	シャワー（サウナ）（温泉）	宿泊施設										

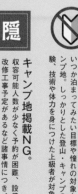

隠 キャンプ地掲載NG。収容可能人数が少なく予約が困難、設備の改修工事予定があるなど諸事情につき、正確な所在地が掲載NGのキャンプ地。

キャンプ・登山上級者向け。いつか泊まってみたい目標や憧れの対象キャンプ地。しっかりとした登山・キャンプの経験、技術や体力を身につけた上級者が対象。

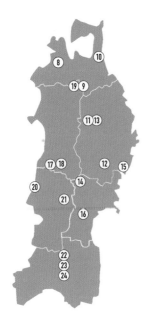

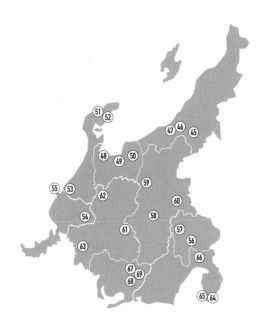
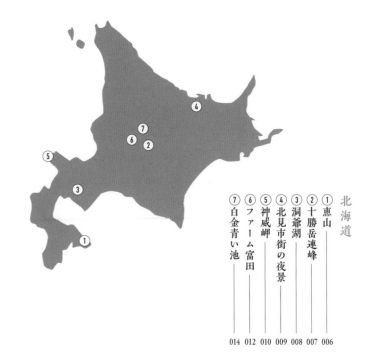

Contents

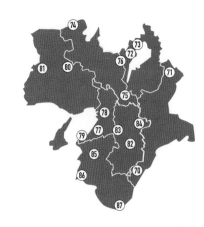

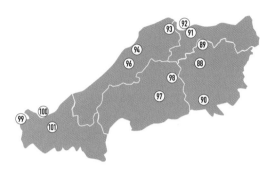

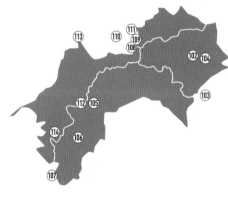

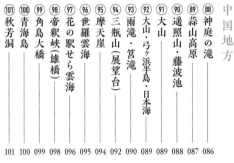

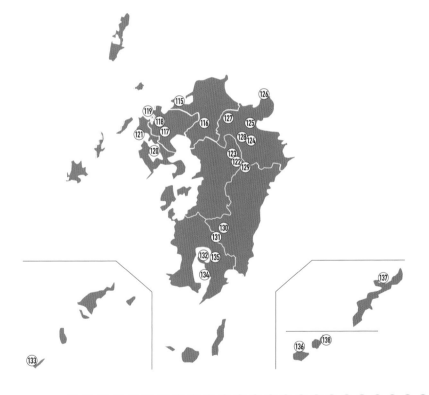

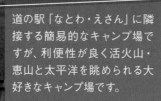

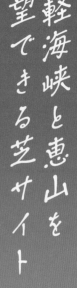

キャンプ地から目の前

津軽海峡と恵山を一望できる芝サイト

恵山 山・夕日

北海道

Instagrammer's Comment

@hidekittiさん

道の駅「なとわ・えさん」に隣接する簡易的なキャンプ場ですが、利便性が良く活火山・恵山と太平洋を眺められる大好きなキャンプ場です。

Base Camp **恵山海浜公園キャンプ場**
えさんかいひんこうえんきゃんぷじょう
函館新外環状道路・函館空港ICから車で約1時間

WC

住 北海道函館市日ノ浜町31-2 電 0138-85-4010（道の駅なとわ・えさん） 営 5月1日～9月30日 休 なし IN/OUT 9時～17時、～10時 料 フリーサイト：2人用テント1張り300円／3人以上用テント1張り500円 サイト フリー約40張 駐 40台 予 不可

Base Camp フラワーランドかみふらの
ふらわーらんどかみふらの
富良野駅から国道237号線で上富良野方面へ約30分

洋 和
WC 🏪 🏕 🌲

※カンジキ等のスノーシュー必須。

キャンプ地から目の前 ● **十勝岳連峰** 山・雪

冬だけ泊まれる
幻のキャンプ場

北海道

Instagrammer's Comment
@hidekittiさん

冬期だけオープンしているキ
ャンプ場。その季節限定がキ
ャンパー心をくすぐります。お
花畑から眺める上富良野の夜
景がとても素敵です。

住 北海道空知郡上富良野町西5線北27　電 0167-45-9480　営 11月
〜3月上中旬　休 12月中旬〜1月中旬（冬季休業）　IN/OUT 13時〜15時,〜
12時　料 フリーサイト：1,500円　駐 あり　予 電話、ウェブ
※冬期の厳しい環境のため、突風・防寒対策必須。下は花壇のため、除雪せずに踏み固めて設
営。（60〜80cmのペグが必要）

キャンプ地から目の前 ──●── 洞爺湖 湖畔・広葉樹林

温泉とキャンプが 楽しめる湖畔スポット

Instagrammer's Comment

@hachiyon_campさん

何も考えずに、無になれる場所。水面が揺れているのを見たり、遠くの山を見たり。日常の嫌なことが忘れられます。

Base Camp | **仲洞爺キャンプ場**
なかとうやきゃんぷじょう
道央自動車道・伊達ICより車で約30分

住 北海道有珠郡壮瞥町字仲洞爺30-11 電 0142-66-3131 営 4月下旬〜10月中旬 休 なし IN,OUT 平日11時〜,〜17時、土日祝日9時〜,17時（週末等）料 大人：700円 サイト フリーサイト：約100張 駐 一般：120台、オートサイト：30台、キャンピングカー：10台 予 不可
※遊泳禁止

※音の出るもの禁止。管理人は営業時間内常駐。

夜景×白銀の世界に浸れる大人の遊び場

 キャンプ上級者向け

北海道

Base Camp | サウスヒルズ
さうすひるず
北見道路・北見中央ICから車で約8分

住 北海道北見市若松116　電 非公開　営 通年　休 不定休　IN.OUT 12時～19時、～12時　料 2,000円（大人1名、車両1台、サイト1区画）　サイト 15区画　駐 20台　予 LINE、ウェブ
※完全予約制。予約のない日は休業日。

※9：30～19：00まで管理人常駐。水場や炊事場がないため水は持参。

Instagrammer's Comment
@keitans_campさん

北見市の中心部からそれほど離れていない丘の上にあるキャンプ場。昼間も北見市内の景色が間近に感じられるのですが、夜景も圧巻です。通年営業しているので、北海道らしい雪中キャンプをしながらこの夜景が見られるのは格別。木々の葉が落ちる冬の季節は、より広く見渡せるのでおすすめです。

神威岬 海・夕日

壮観過ぎる夕焼けに心を奪われるひと時を

Instagrammer's Comment
@kentoatさん

積丹半島先端に近いキャンプ場で、遮るものがなく日本海の夕陽と夕焼けが美しいとのことで行ってみました。評判どおり真赤に染まる夕焼けを真っ暗になるまで見入ってしまいました。波の音だけで過ごす贅沢な時間は、一生の思い出になるキャンプでした。

Base Camp | **道営野塚野営場**
どうえいのづかやえいじょう
札樽自動車道・小樽ICより車で約80分

住 北海道積丹郡積丹町大字野塚町　電 0135-44-3381／0136-23-1354
営 通年　休 なし　IN.OUT 設定なし　料 無料　サイト 約100張　予 不可

㊒
WC 🍲 ⛲ 🐕

※トイレ・炊事場は冬期期間閉鎖。

北海道

011

普段、職場と家を往復する
だけの生活では絶対に見ら
れない景色。生きがいみた
いなものです。カラフルな花
畑が映えるように気をつけ
ました。

北海道

キャンプ地から車で約16分　ファーム富田　高原・星空

心が躍る、色彩豊かな
花畑のパレット

光が降り注ぐ満天の星
一生に一度は見たい

北海道

星空を見るためにつくられたキャンプ場なので、灯りを最小限に落としてあります。おかげで、星をきれいに観ることができます。美味しい料理やお酒を飲みながら、家族とのんびり過ごせるところが好きです。

Base Camp
星に手のとどく丘キャンプ場
ほしにてのとどくおかきゃんぷじょう
道央自動車道・旭川鷹栖ICより車で約75分

洋
WC

※19：00まで管理人常駐。

住 北海道空知郡中富良野町ベベルイ　電 080-3234-9169　営 4月29日～10月9日　休 なし　IN.OUT 13時～17時、～11時　料 オートサイト：大人1,000円　サイト オートサイト：22区画　駐 30台　予 電話、ウェブ

※一家族のみでの利用（大人2名以上の利用不可）。

白金青い池 池・星空

心が洗われるほど美しい
神秘的な美瑛ブルー

北海道

Instagrammer's Comment

@yuri_waaaiさん

その景色をみた時は、心が浄化されるような感覚です。自分が生きている中で、こんな景色や世界があったのかと。その時間や場所は、二度と同じものはないので、これはもう一生見られないと思える特別感があります。

Base Camp

国設白金野営場
こくせつしろがねやえいじょう
旭川北ICから車で1時間

WC

※9時以降の車両入退場禁止。

住 北海道上川郡美瑛町字白金 電 0166-94-3209 営 6月1日〜9月30日 休 なし IN/OUT 13時〜18時,〜12時 料 大人:400円 駐 70台 予 不可

※ケビン利用のみ電話予約が必要

キャンプ地から目の前 ● 岩木山 山・紅葉

津軽平野に裾野を広げ
たたずむ岩木山
季節を感じて

東北地方 青森県

Base Camp 公益財団法人 青森県スポーツ協会 岩木青少年スポーツセンター
こうえきざいだんほうじん あおもりけんすぽーつきょうかい いわきせいねんしょうねんすぽーつせんたー
東北自動車道・大鰐弘前ICから車で約53分

住 青森県弘前市大字常盤野字湯段萢1-2　電 0172-83-2338　営 5月～10月は毎日、11月～4月は特定の土日　休 11月～3月は毎週月曜日、年末年始　IN.OUT 8時30分～、～16時　料 大人：1,500円　駐 第一40台、第二120台、第三110台　予 不可
※団体の場合はメールまたはFAXにて予約。

WC 🚿 🏠 📶 ⛺ 🍳 🚰 📷 🗑 ⚓ 🐕

キャンプ地から目の前

青森と秋田をまたぐ
広大な湖に見入る

十和田湖 山・雪

Base Camp 十和田市宮宇樽部キャンプ場
とわだしみやうたるべきゃんぷじょう
東北自動車道・十和田ICから車で約45分

WC 🚿 🏪 👤 🏠 📶 ⛺ 🍳 📷 🗑 ⚓ 🐕

住 青森県十和田市大字奥瀬字十和田湖畔宇樽部　電 0176-75-2477　営 4月26日～11月7日　休 なし　IN.OUT 11時～、～10時　料 入場料：310円、フリーサイト：210円、オートサイト：1,570円　サイト 35区画　駐 50台　予 電話、ウェブ

小川原湖　湖畔・夕日

夕日が沈み、朝日が昇る
湖の移ろいに癒される

@tatsuyaazさん

穏やかな湖と太陽を楽しめる
場所です。朝陽と夕陽の両方
が楽しめて、日暮れやマジッ
クアワーも素敵です。なるべ
く景色の良さが伝わるように
撮影しています。

住 青森県三沢市大字三沢字淋代
〒116-2962　電 0176-59-
2830　期 4月28日〜11月30日
休 なし　IN/OUT 12時〜17時、〜11時
料 1区画：車 2,200円、バイク
550円　サイト 72区画　予 電話
※仮押さえ目的での予約はお控え下さい

東北地方　青森県

Base Camp 小川原湖畔キャンプ場
おがわらこはんきゃんぷじょう
三沢十和田下田ICから車で約30分

岩手山　山・星空

四季折々山々の壮大な景色
星空を眺める至福

絶景パノラマ 大キャンプ場
ぜっけいばのらまだいきゃんぷじょう
東北自動車道・盛岡ICより車で約20分

洋
WC

東北地方
岩手県

住 岩手県滝沢市鵜飼臨安102
ペットの里内　電 019-601-
7775　営 通年　休 なし　IN.OUT
12時〜16時、〜12時　料 利用
料：高校生以上500円、サイト
料：1,500円〜　駐 500台　予
電話、ウェブ
※土日祝はキャンプ場受付、平日はペットの
里本館受付となります。

Instagrammer's Comment
@chuck_campさん

美しい山々や青々とした森、
壮大な夜空など、多様な風景
を見せてくれます。キャンプを
通じて自然の壮大さと美しさ
に感動し、日常の喧騒を忘れ
る贅沢な時間を過ごせるの
が、絶景キャンプの最大の魅
力だと思います。

石蔵山 山・雲海

知る人ぞ知る名所
天空フィールド
無限に広がる空のもと眠る

隠 位 岩手県一関市

Instagrammer's Comment
@cota_base_43さん

のんびりと自然を楽しめる、
見晴らしのよいキャンプ場を
選んでいます。好きなキャン
プギアを並べ、ゆっくりお酒
と食事を楽しみながら日頃の
疲れを癒しています。

満天の星空に聳え立つ
壮観な夜の岩手山

季節やその日の天候によって
変化する、一度として同じ日
がない自然の姿に心が癒され
ます。

Base
Camp
岩手山焼走り国際交流村
いわてやまやけはしりこくさいこうりゅうむら
東北自動車・西根ICより車で約15分

住 岩手県八幡平市平笠24-728　電 0195-76-2013　営
通年　休 なし　IN/OUT 13時〜、11時　料 入場料：500円、フリ
ーサイト：2,500円〜、オートサイト：3,000円〜　サイト フリ
ーサイト：60張、オートサイト：50区画　駐 200台　予 電
話、ウェブ

Instagrammer's Comment
@mitsu_rogaさん

とにかく広大なフリーサイトなので、他のキャンパーとの距離が保たれ、プライベート感を存分に味わえる点が魅力的です。さらに、予約不要で気軽に行ける点も魅力ポイントです。

広大な自然で楽しむ プライベート空間

東北地方

宮城県

Base Camp

吹上高原キャンプ場
ふきあげこうげんきゃんぷじょう
東北道・古川ICより車で約50分

住 宮城県大崎市鳴子温泉鬼首字本宮原23-89　電 0229-86-2493　営 4月22日〜11月23日　休 なし　IN/OUT 9時〜17時、〜13時　料 車：1,600円〜、バイク：1,100円〜　駐 400台　予 不可

キャンプ地から目の前

唐桑半島・巨釜 大海原

自然が生み出した巨釜
豪快な海岸美

Instagrammer's Comment
@hiroki__zさん

誰が見ても圧倒される巨釜の
迫力をそのままに、長秒露光
することによって、写真でしか
見えない水の流れなどを表現
しています。

Base Camp
宮城県御崎野営場
みやぎけんおさきやえいじょう
三陸沿岸道路・唐桑半島IC出口から車で約20分

住 宮城県気仙沼市唐桑町崎浜4　電 0226-32-3029　営 通年　休 な
し　IN/OUT 13時～／～11時　料 大人：450円　駐 40台　予 電話、メール
※前日までに予約

WC

※飲料水を各自お持ちいただく場合もあるため、事前に確認。冬場は水道凍結防止対策に協力。

自然と夜景が織り成す街を俯瞰する贅沢なひと時

@kuro_tenguさん

湖畔と夜景が好きなので、普段は見ることのできない景色を独り占めできるのが魅力です。本場スウェーデンの「HILLEBERG」のテントが好きなので、そのテントを使用したキャンプが大好きです。

[住] 宮城県仙台市泉区福岡字岳山8-1　[電] 022-347-3356　[営] 通年　[休] なし　[IN,OUT] 14時～、～11時　[料] フリーサイト：1,650円～、区画サイト3,300円～、他　[サイト] 99区画　[駐] 大型駐車場：100台、区画エリア42台（乗入可）、その他各エリアに約40台　[予] ウェブ

東北地方　**宮城県**

Base Camp　‖ IZUMI PEAK BASE® （泉ピークベース）
いずみぴーくべーす
東北自動車道・泉PA（スマートIC）から車で約20分

WC

※スピーカー、オーディオ機器及び演奏禁止。

鳥海山の登山ルートで夜にしか出会えない幻想的な光景

キャンプ地から徒歩で約8分

鳥海山・竜ヶ原湿原　高層湿原・星空

東北地方　秋田県

Base Camp

祓川キャンプ場
はらいがわきゃんぷじょう
湯沢横手道路雄勝こまちICから車で約1時間30分

[住] 秋田県由利本荘市矢島町城内字木境　国有林内　[電] 0184-55-4953（由利本荘市矢島総合支所産業建設課）　[営] 例年4月下旬〜10月下旬　[休] なし　[IN/OUT] 設定なし　[料] 無料　[サイト] 10区画　[駐] 140台　[予] 不可

※ご利用の際は、祓川ヒュッテ管理人へお申込みください（トイレ使用可）。

WC

Instagrammer's Comment

@samasa_photographyさん

鳥海山を竜ヶ原湿原から狙ってみました。星と鳥海山に包まれるような感動を味わえる場所は竜ヶ原湿原しかありません！

迫力満点の滝を望む
サイトで夏を満喫

法体の滝 滝・夜空

住 秋田県由利本荘市鳥海町百宅
字奥山3-27 電 0184-57-2205
（由利本荘市鳥海総合支所産業
建設課）営 5月上旬〜11月上旬
休 なし IN/OUT 設定なし 料 無料
サイト フリーサイト 駐 約50台
予 不可

東北地方
秋田県

Instagrammer's Comment
@garageasahiさん（伊藤建装）

絶景を見るだけで全てをリセットして、その後の活力になってくれます。よく、「キャンプって暇じゃないの?」と聞かれますが、法体の滝のように自然を満喫できるキャンプ地は1日では足りないくらいです。

Base Camp
法体園地キャンプ場
ほったいえんちきゃんぷじょう
日本海東北道・本荘ICから車で約1時間

WC

※焚き火台を使用する際は焚き火シートを併用

十和田湖 湖畔・朝日

玄人キャンパーが集まる
ひみつの絶景スポット

Base Camp
滝ノ沢野営場
たきのさわやえいじょう
東北自動車道・小坂ICより車で約50分

住 秋田県鹿角郡小坂町十和田湖
滝ノ沢 営 5月〜10月

WC

Instagrammer's Comment
@y_a.campingさん

ここのキャンプ場は玄人向けです。初心者キャンパーさんやファミリー、女性にはかなり大変な環境でした。灯りや炊事場も整っているとは言い難いです。特にトイレは、女性には厳しいかと。携帯トイレをオススメします! でもその分、人工的な灯りや建造物がほとんどなく、朝日は今まで行った所でも1、2を争うくらい感動的でした!

キャンプ上級者向け

海と空が映し出す
美しき水平線

湯野浜海水浴場 海・夕日

東北地方 山形県

Instagrammer's Comment
@ape.22さん

南国感のある日本海の広大な景色を、さらに南国感が出るようイメージして撮影しました。

Base Camp ‖ 庄内夕日の丘オートキャンプ場
しょうないゆうひのおかおーときゃんぷじょう
日本海東北自動車道・庄内空港ICから車で約1分

住 山形県酒田市浜中字粮畑33　電 0234-92-4570　営 4月中旬～11月末　休 なし　IN/OUT 13時～17時,～11時　料 入場料 大人：420円、サイト料金：3,250円（7、8月以外の平日は1,630円）　サイト 30区画　駐 各サイト1台、他67台　予 電話

洋 和　WC

※ペット同伴は否だが、介助犬は可。

Instagrammer's Comment
@hatake_sさん

湯野浜海岸では広い砂浜から日本海に真っ直ぐ沈む夕日を見ることができます。空と海の広さを表現したくて、出来るだけシンプルに、伝えたいものだけが映るように撮りました。

花笠踊りを生んだ湖でしっぽりと過ごすひと時

徳良湖
湖畔・朝日

東北地方
山形県

Instagrammer's Comment
@taka96campさん

景色の良い場所では、日常から抜け出して刻々と移り変わる瞬間に立ち会える。本当に贅沢な時間だと思います。みんなでワイワイガヤガヤよりもなるべく人の少ない穴場的なキャンプ場で「しっぽり」過ごすのが好きですね。

Base Camp
サンビレッジ徳良湖オートキャンプ場
さんびれっじとくらこおーときゃんぷじょう
東北中央自動車道・尾花沢ICより車で約10分

住 山形県尾花沢市二藤袋1401-6 　電 0237-23-2111 　営 4月〜11月（12月〜3月末はキャビンのみ）　休 年末年始 　IN/OUT 13時〜、〜10時 　料 入場料：大人200円、フリーサイト：1,320円〜、一般サイト：1,730円〜、大型サイト：3,470円〜 　サイト 一般サイト：34区画、一般電源付きサイト：23区画、大型AC付きサイト：10区画 　駐 86台 　予 ウェブ
※雪中キャンプ希望者は、電話のみ受付をいたします。冬キャンプ経験者、冬の装備をお持ちの方、尾花沢の天候を把握している方限定。

Instagrammer's Comment
@seeking_the_pearlさん

普段はキャンプ場の管理人を
しているので、色々なスタイ
ルのかっこいいキャンパーさ
んを見ています。しかし、私自
身キャンプへのこだわりはほ
とんど無く、写真撮影に出や
すい位置にあるキャンプ場さ
ん、そこが撮影地になるよう
な絶景のキャンプ地を選んで
います。

桧原湖
山・雪

美しい島々が浮かぶ
日本一の火山性堰止湖

東北地方
福島県

Base Camp 裏磐梯桧原湖畔 松原キャンプ場
うらばんだいひばらこはんまつばらきゃんぷじょう
磐越自動車道・磐梯高原ICから車で約30分＋ボートで送迎3分

住 福島県耶麻郡北塩原村剣が峰1093　電 0241-33-2929　営 5月上旬～10月中旬　休 不定休　IN.OUT 14時30分～18時、～10時30分　利 利用料 大人：1,800円～、テントサイト：4,000円～　駐 80台　予 電話、ウェブ
※ボート送迎のため、日没後のチェックイン不可。

WC

悠々とそびえる磐梯山が
映る唯一無二の大自然

キャンプ地から目の前

磐梯山 山・湖畔・朝焼け

Instagrammer's Comment

@s.kakutaさん

星空や日の出、夕焼けなどキャンプで泊まらないと撮れないタイミングを狙って撮影しています。絶景を見ながら焚き火をしたり、キャンプ飯を食べる贅沢な時間に癒されます。

Base Camp

RV RESORT猪苗代湖モビレージ

あーるぶいりぞーと いなわしろこもびれーじ

東北自動車道・猪苗代磐梯高原ICより車で約15分

洋 和 **WC**

※風呂・シャワーは11月〜4月下旬は使用不可。

Instagrammer's Comment

@d.s.c.o.tさん

景色が良ければ良いほど癒しを多く感じることができます。「ここにキャンプに来てよかった」と思える瞬間がたまりません。四季を感じる絶景も、その時にしか見ることができない景色なのでとても惹かれます。

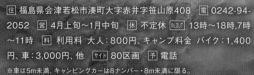

住 福島県会津若松市湊町大字赤井字笹山原408 電 0242-94-2052 営 4月上旬〜1月中旬 休 不定休 IN/OUT 13時〜18時,7時〜11時 料 利用料 大人：800円、キャンプ料金 バイク：1,400円、車：3,000円、他 サイト 80区画 予 電話

※車は5m未満、キャンピングカーは8ナンバー・8m未満に限る。

030

猪苗代湖
湖畔・夕日

夕日に染まる湖面を眺める贅沢なひと時

@cota_base_43さん

家族や友人が写真を見た時「ここに行ってみたい！」と思ってもらえるような写真になるよう意識して撮影しています。また、クルマや建物などの人工物は、なるべく映り込まないように構図を考えています。

東北地方
福島県

Base Camp

天神浜オートキャンプ場
てんじんはまおーときゃんぷじょう

磐越自動車道・猪苗代・磐梯高原ICより車で約5分

住 福島県猪苗代町中小松四百刈 　電 0242-67-4133 　営 4月〜11月
休 12月〜3月末（一部エリアのみ営業） IN.OUT 9時〜16時、〜12時 　料 オートキャンプ：1,320円〜、駐車料金：1台1,100円〜 　駐 200台 　予 電話、ウェブ

筑波山中腹500mの眺望

関東平野の昼夜を一望できる

キャンプ地から目の前

筑波山・関東平野

山・高原

キャンプ地のこだわりは、ロケーション、眺めの良いところを選んでいます。撮影についてはいろんなアングルから沢山撮ります。

キャンプについては、料理も道具も設営もシンプルに疲れすぎないようにしています。写真も同じでこだわり過ぎず、気楽に撮影しています。

Base Camp ‖ 筑波高原キャンプ場
つくばこうげんきゃんぷじょう
北関東自動車道・桜川・筑西ICから30分

住 茨城県桜川市真壁町羽鳥土俵場国有林　電 0296-54-0403（筑波高原キャンプ場）※営業日のみ、0296-55-1159（桜川市商工観光課）営 5月〜9月　休 月曜〜木曜（※7月15日〜8月31日は無休）IN/OUT 10時〜15時、〜10時　料 大人・小人（小学生以上）：500円　サイト フリーサイト：約15張　駐 50台　予 ウェブ
※9月30日は宿泊できません。

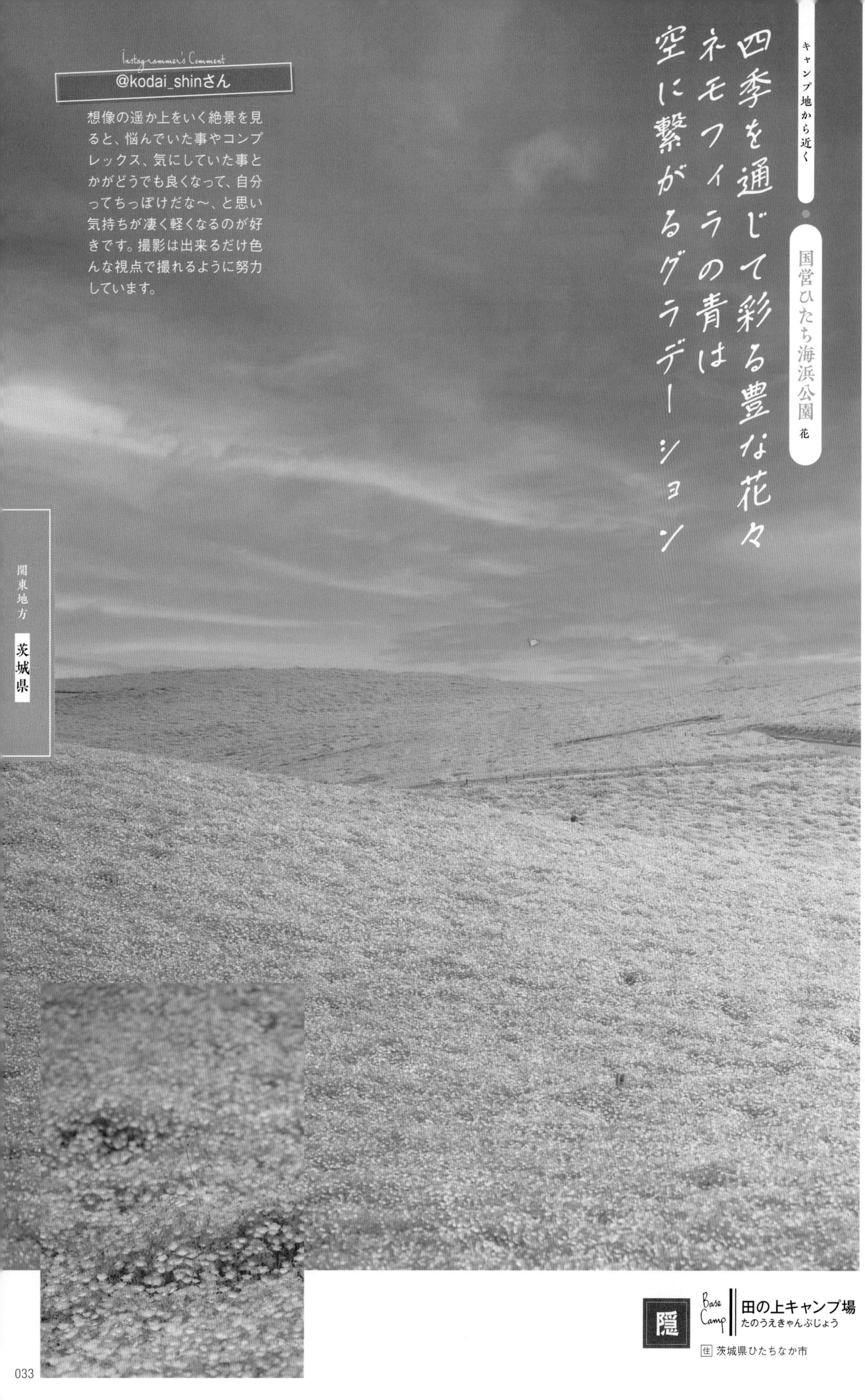

国営ひたち海浜公園 花

四季を通じて彩る豊な花々
ネモフィラの青は
空に繋がるグラデーション

Instagrammer's Comment
@kodai_shinさん

想像の遥か上をいく絶景を見ると、悩んでいた事やコンプレックス、気にしていた事とかがどうでも良くなって、自分ってちっぽけだな〜、と思い気持ちが凄く軽くなるのが好きです。撮影は出来るだけ色んな視点で撮れるように努力しています。

関東地方
茨城県

隠

Base Camp
田の上キャンプ場
たのうえきゃんぷじょう
住 茨城県ひたちなか市

033

@muneki_photoさん

この場所は一年通して人気の写真スポットですが、特に新緑の季節の、雨上がりの緑の葉が濡れたみずみずしい雰囲気が好きなので、そのタイミングに撮影しました。
手前に落ちてたモミジがポイントです。

渓谷にかがる汐見滝吊り橋は新緑、紅葉、雪化粧季節ごとに見せる別の顔

キャンプ地から徒歩約6分

花貫渓谷
渓谷・四季

関東地方
茨城県

Base Camp

小滝沢キャンプ場
こたきさわきゃんぷじょう
常磐自動車道・高萩ICから車で約20分

住 茨城県高萩市大能地内　電 0293-23-7316　営 通年（紅葉まつり期間は使用禁止）　休 なし　IN.OUT 設定なし　料 無料　サイト 区割り無し
駐 10台　予 不可

洋
WC
※水道水飲料不可（煮沸すれば可）

「恋人の聖地」100番目の登録地 ロマンス溢れる大パノラマ

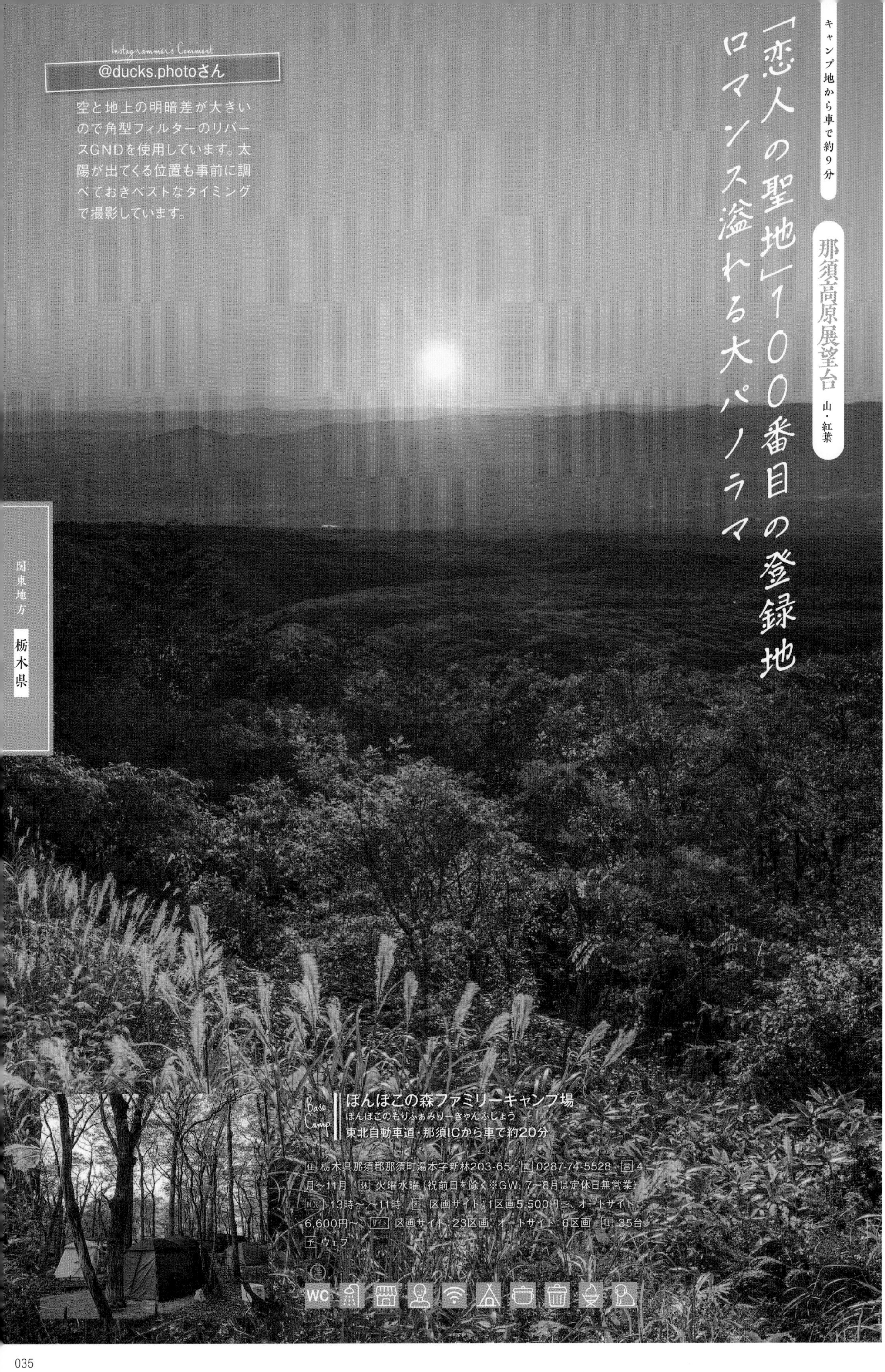

関東地方
栃木県

ぽんぽこの森ファミリーキャンプ場
ぽんぽこのもりふぁみりーきゃんぷじょう
東北自動車道・那須ICから車で約20分

Base Camp

住 栃木県那須郡那須町湯本字新林203-65 TEL 0287-74-5528 営 4
月〜11月 休 火曜水曜（祝前日を除く※GW、7〜8月は定休日無営業）
IN/OUT 13時〜／〜11時 料 区画サイト 1区画5,500円〜 オートサイト
6,600円〜 サイト 区画サイト 23区画 オートサイト 6区画 駐 35台
予 ウェブ

035

約2万年前に噴火でできた湖
四季折々に見せる幻想的な美

中禅寺湖

湖

関東地方
栃木県

隠

住 栃木県日光市

Instagrammer's Comment

@jungdo_photoさん

湖畔のキャンプ場は、遮るも
のがなく開放感があり癒され
ます。沈む夕陽や早朝湖にか
かる靄が非現実的な時間を
提供してくれます。

菅沼
湖沼

透明度本州随一の湖沼
日本を代表する景勝地のひとつ

関東地方
群馬県

Base Camp
菅沼キャンプ村
すげぬまきゃんぷむら
関越自動車道・沼田ICから車で約70分

WC

※常駐管理は閉散期なし

住 群馬県利根郡片品村東小川4655-17　電 0278-58-2958　営 5月1
日～10月20日　休 お盆（2023年は8月10日～14日）　IN/OUT 14時～,～
11時　料 フリーサイト 大人:2,520円　サイト フリーサイト:約20張　駐
60台　予 電話

キャンプ地から目の前

トマノ耳とオキノ耳 2つの頂きをもつ双耳峰

谷川岳 山脈

関東地方 群馬県

Base Camp 谷川岳山麓オートキャンプ場
たにがわだけさんろくおーときゃんぷじょう
関越道・水上ICから車で約20分

洋 和
WC 〔各種アイコン〕

※徒歩圏内に日帰り温泉施設あり。週末・繁忙期のみ常駐管理。

Instagrammer's Comment
@tabisuru24さん

山に反射する朝日がきれいでした。撮影については奥行き感、雲の流れを感じるように撮りました。

住 群馬県利根郡みなかみ町湯桧曽215-3 電 070-8388-5918 営 4月下旬～11月中旬 休 不定休 IN.OUT 13時～17時、～11時 料 オートサイト:1区画2,000円～
サイト オートサイト:32区画 駐 40台 予 ウェブ

Base Camp 県立赤城公園キャンプ場
けんりつあかぎこうえんきゃんぷじょう
関越道・前橋ICから車で約1時間

住 群馬県前橋市富士見町赤城山32 電 027-226-2876※夜間土日休日は対応できません 営 5月～11月 休 なし IN.OUT 12時～、～10時 料 無料 サイト 一般サイト:10区画、車中泊サイト:4区画 駐 15台 予 ウェブ

※管理人の常駐しない無料キャンプ場です。

洋 和
WC 〔各種アイコン〕

※現在、キャンプ場のリニューアルを検討しております。最新の情報については以下のURLを参照ください。
（県HP: https://www.pref.gunma.jp/page/7153.html）

キャンプ地から目の前

カルデラを持つ関東地方有数の複成火山

赤城山 山

Instagrammer's Comment
@d.sk_andyさん

写真について、自然の美しさの中でキャンプをしている臨場感が伝わる様意識しています。

Base Camp | IRIE CAMP BASE
あいりーきゃんぷべーす

関越自動車道・渋川伊香保ICから車で約40分

住 群馬県吾妻郡中之条町四万35　電 070-4478-2888　営 通年（12月～3月末 土日祝日のみ）　休 なし　IN,OUT 13時～17時、～10時　料 湖畔サイト：1区画11,000円～、オートサイト：1区画11,000円～　サイト 湖畔サイト：9区画、オートサイト：1区画　駐 10台　予 ウェブ

※未就学児受入れ不可。

※焚火シート必須。ペットは要相談

目の前の景色以外、何も考えずにいられるのが魅力かなと思います。むしろ全てを忘れられるというか、ここまで来て良かったって心から思えるし、また頑張ろうって気持ちにリセットできるのが好きです。

キャンプ地から車で約18分

四万川ダム・奥四万湖　ダム湖

四万川ダムによりつくられたダム湖　神秘的な水の色『四万ブルー』

榛名山麓に位置し高崎市の夜景を一望

関東地方　**群馬県**

Base Camp｜**創造の森キャンプ場**
そうぞうのもりきゃんぷじょう
関越道・駒寄スマートICから約20分

住 群馬県北群馬郡榛東村東山2-1　電 0279-54-2211（榛東村産業振興課）　営 4月5日〜11月23日　IN/OUT 9時〜,〜17時　料 大人：800円※村外者の場合　駐 約20台　予 役場窓口又は電話で仮予約後、必要書類を提出

WC

※たき火台使用の際はたき火シートを併用。

Instagrammer's Comment
@t_style_campさん

撮るものや風景が1番良く見える角度や時間などを意識して撮影します（全然そんなレベルに達していないけど…）。

荒川によって結晶片岩が侵食されてできた河成段丘

岩畳

河成段丘

WC 🚿 🏠 📶 🚰 🌿 🐕

Base Camp 長瀞オートキャンプ場
ながとろおーときゃんぷじょう
関越自動車道・花園ICから車で約20分

🏠 埼玉県秩父郡長瀞町大字井戸559-1 ☎ 0494-66-0640 🗓 3月3日～12月25日 🈳 火曜日、水曜日（※GW、夏休み、連休前後は営業）🕐 12時～17時、～11時 💴 施設利用料：大人800円、ビューサイト：4,000円～、青空サイト：3,100円～、森のサイト：3,200円～、他 サイト ビューサイト：20区画、青空サイト：16区画、森のサイト：約11区画、他 🅿 あり 予 ウェブ

Instagrammer's Comment
@sh_n223さん

枠の外側を想像させるようなストーリーのある写真を撮りたいです。

Base Camp つちうちキャンプ場
つちうちきゃんぷじょう
関越自動車道・花園ICから車で約90分

WC ♨ 🚿 👤 🏠 🍲 🗑 🌿 🐕

岩清水が凍り作り上げられる氷の芸術

三十槌の氷柱

氷柱

※常駐管理は混雑時のみ

🏠 埼玉県秩父市大滝4011－1 ☎ 0494-55-0137 🗓 4月～11月 🈳 なし 🕐 13時～17時、～11時 💴 オートサイト・1区画6,000円 サイト オートサイト：13区画 🅿 50～60台（冬期は臨時駐車場有）予 電話

※つちうちキャンプ場は冬期休業のため三十槌の氷柱が作られる時期は宿泊できません。（駐車場の利用が可能ですので）三十槌の氷柱は観光目的のみの掲載となります。

Instagrammer's Comment
@yahikonosekaiさん

絶景の魅力は、その人の記憶に残ることです。また、同じ光景が二度とないことです。季節、天候、朝、夕、夜と、その時々に色々な表情を見せてくれます。撮影については主題を決め、写真がしまるアングル、画角を探し、魅力が伝わる一枚を撮ることにこだわります。

美の山公園

花・雲海

関東地方 埼玉県

秩父地方唯一の独立峰
四季折々の花々の背景に雲海

Base Camp ‖ リバーパーク上長瀞オートキャンプ場
りばーぱーくかみながとろおーときゃんぷじょう
‖ 関越自動車道・花園ICから車で30分

洋 和
WC [アイコン群]

住 埼玉県秩父郡長瀞町長瀞1429 電 0494-66-
0456 営 3月中旬〜11月中旬 休 シーズン中は無
休（※冬季は休業）IN.OUT 13時〜17時,9時〜11時
料 オートサイト：1区画4,000円〜 サイト オートサイ
ト：32区画 駐 0台（車はサイト内に駐車可能）
予 ウェブ、電話

Instagrammer's Comment

@natsuinstaさん

季節、天候など様々な条件を
満たした時にしか現れない景
色に出会えるととても感動し
ます。天空に咲く紫陽花を表
現したかったので、紫陽花に
焦点を当てつつ、雲もしっか
り写るように撮影位置や設
定にこだわりました。

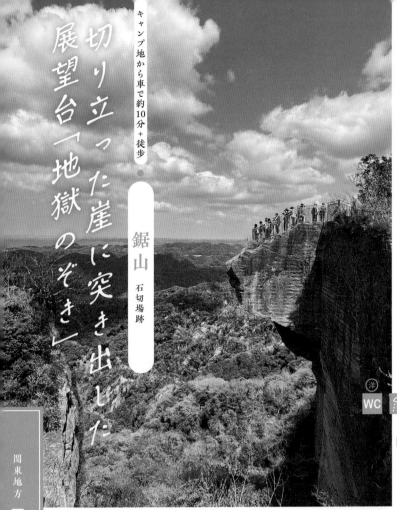

切り立った崖に突き出した展望台「地獄のぞき」

キャンプ地から車で約10分＋徒歩

鋸山 石切場跡

関東地方 千葉県

Instagrammer's Comment
@shiho_naturalさん

展望台から海を臨む絶景、地獄のぞきから断崖絶壁の下界、どこからも圧巻の景色です。昔の石切場はまるでラピュタの壁、ジブリの世界観に浸れます♪

Base Camp | **SUNVILLAGE KANAYA CAMP**
さんびれっじかなやきゃんぷ
館山道・富津金谷ICから車で5分

WC

住 千葉県富津市金谷784-1　電 090-2932-2843　営 通年　休 なし　IN,OUT 12時〜,〜11時　料 オートサイト：1区画5,000円〜、ペットサイト：1区画6,000円、ソロキャンプ：1区画2,500円〜　サイト オートサイト：20区画、ペットサイト：2区画、ソロサイ：5区画　駐 基本区画内駐車1台まで 場外5台有り　予 ウェブ、電話

Instagrammer's Comment
@shiho_naturalさん

何年も前から憧れていた場所♡ハートのリフレクションは3月の春分の日、9月の秋分の日の前後3日間の早朝にしか見えない、超レアな景色。

隠

Base Camp | **清和県民の森キャンプ場**
せいわけんみんのもりきゃんぷじょう
館山道・君津ICから車で約42分

 千葉県君津市豊英660番地

キャンプ地から車で約27分＋徒歩　●　**濃溝の滝**（亀岩の洞窟）　洞窟・滝

洞窟から差し込む光が水面に反射しハート型の光がつくられる

キャンプ地から車で約18分

奥多摩湖・大麦代展望台 湖

人造湖でありながら四季折々の美しい衣をまとう

関東地方 東京都

Base Camp 山のふるさと村
やまのふるさとむら
圏央道・青梅ICから車で約70分

住 東京都西多摩郡奥多摩町川野1740　電 0428-86-2324　営 通年　休 年末年始　IN.OUT 13時～,～10時　料 一般（高校生以上）：200円　サイト テントサイト：20区画　駐 約91台　予 電話で仮予約後、一週間以内に官製はがき、Eメールまたは FAXにて正式に予約

住 東京都大田区城南島4-2-2　電 03-3799-6402　営 通年（※12月29日から1月3日は休業）12月から2月は日帰りのみ　休 水曜（※春休み・夏休み期間は営業）　IN.OUT 11時～21時　料 一般サイト：大人一人300円～、オートサイト：1区画2,000円～（ともに日帰りの場合）　サイト 一般サイト：40区画、オートサイト：22区画　駐 275台　予 電話

キャンプ地から目の前

東京湾 湾・夜景

都心でテント泊
羽田空港や東京の風景を一望

Base Camp 城南島海浜公園キャンプ場
じょうなんじまかいひんこうえんきゃんぷじょう
環状7号線より城南野鳥橋を渡り、道なり直進突き当りを右折

九頭龍明神が祀られ富士山も望める景勝地

芦ノ湖
湖

Instagrammer's Comment
@kotanin1020さん

どこまでも広がっているような青空と、静かで美しい水面の景色に感動しました。水面の揺れが少なく快晴の朝を狙い、ただ目の前の絶景をそのままカメラに写しました。

関東地方
神奈川県

Base Camp || **Fun Space 芦ノ湖キャンプ村 レイクサイドヴィラ**
ふぁんすぺーすあしのこきゃんぷむられいくさいどういら
御殿場ICから車で約30分

WC 🚿 🏪 👤 🏠 📶 🍲 🗑 💧

※共同浴場は不定期営業。焚き火台などの器具を使用しての焚き火は調理目的のみ可。

[住] 神奈川県足柄下郡箱根町元箱根164 [電] 0460-84-8279 [営] 通年 [休] なし [IN.OUT] 11時～,～10時 [料] オートサイト:1区画5,500円～、テントサイト:2,500円～ [サイト] オートサイト:25区画(電源付き4区画含む)、テントサイト:20区画 [駐] 70台 [予] ウェブ、電話

WC 🚿 🏪 👤 🏠 📶 🍲 🗑 💧 👤

相模湖を船で渡るキャンプ場 離れ島のような秘境感

相模湖
湖・島

Base Camp || **みの石滝キャンプ場＆相模湖カヌースクール**
みのいしたききゃんぷじょうあんどさがみこかぬーすくーる
中央自動車道・相模湖ICから車で約5分＋船10分

[住] 神奈川県相模原市緑区若柳1628 [電] 042-685-0330 [営] 3月～11月 [休] 不定休 [IN.OUT] 14時～,～11時30分 [料] フリーサイト:一人1,500円 [サイト] フリーサイト:約50張 [駐] 30台 [予] 電話
※アルコール含め飲料の持込は出来ません。

Instagrammer's Comment
@gaya_tabiさん

秘境感や船でしか行けないというポイントを伝えられるように水上から撮影をしております(オーナー様に配慮して頂き船の上から撮影できるよう協力して頂きました)。

大倉高原テントサイト
おおくらこうげんてんとさいと
東名高速道路・秦野中井ICから車で30分＋徒歩50分

洋
WC

※トイレは環境配慮型。水場あり。原則
火気厳禁だが、必要最低限の調理をする
ための火気使用は可能。

住 神奈川県秦野市堀山下1635-1、1639の一部
電 0463-82-5111（秦野市役所代表） 営 通年 休
なし IN/OUT 設定なし 料 無料 サイト フリーサイト：
約20張 駐 なし 予 不可

※料金、予約方法は今後変更の可能性あり

丹沢山中で唯一
テント泊ができる場所

塔ノ岳　山・夜景

眼下に広がる
秦野市の街並みや相模湾

Instagrammer's Comment

@tetsu.ick_mtnluvrさん

標高約600m程の山の中腹より見下ろす眺望は、隔絶された空間からの夜景となるため一層輝いて見えます。またダイナミックな自然現象が好きで、特に標高の高い山頂付近から雲海や御来光を見ると痺れます。風景を撮る際のこだわりは、空そのものがメインの被写体ではない限り、空の割合を3分の1以下に抑えメインの被写体が目立つ様に意識しています。

清津峡
峡谷

巨大な岸壁がV字型をつくる
日本三大峡谷のひとつ

中部地方 新潟県

Instagrammer's Comment

@_saecam_さん

絶景をプライベートな空間で1日
中楽しめることがキャンプの醍
醐味だと思ってます。キャンプ場
付近にある絶景スポットを探す
ことも旅の楽しみの一つです。

Base Camp ‖ **舞子高原オートキャンプ場**
まいここうげんおーときゃんぷじょう
関越自動車道・塩沢石打ICから車で約2分

住 新潟県南魚沼市舞子2056-108　電 025-783-4100　営 4月下旬〜
11月上旬　休 なし　IN.OUT 13時〜、〜11時　料 オートサイト：1区画4,500
円（入場料含む）〜　サイト オートサイト：28区画　駐 28台　予 ウェブ、
電話

WC 🐟 🏬 🏠 ⛺ 🍲 🚿 📷 🗑 🌙 🐕

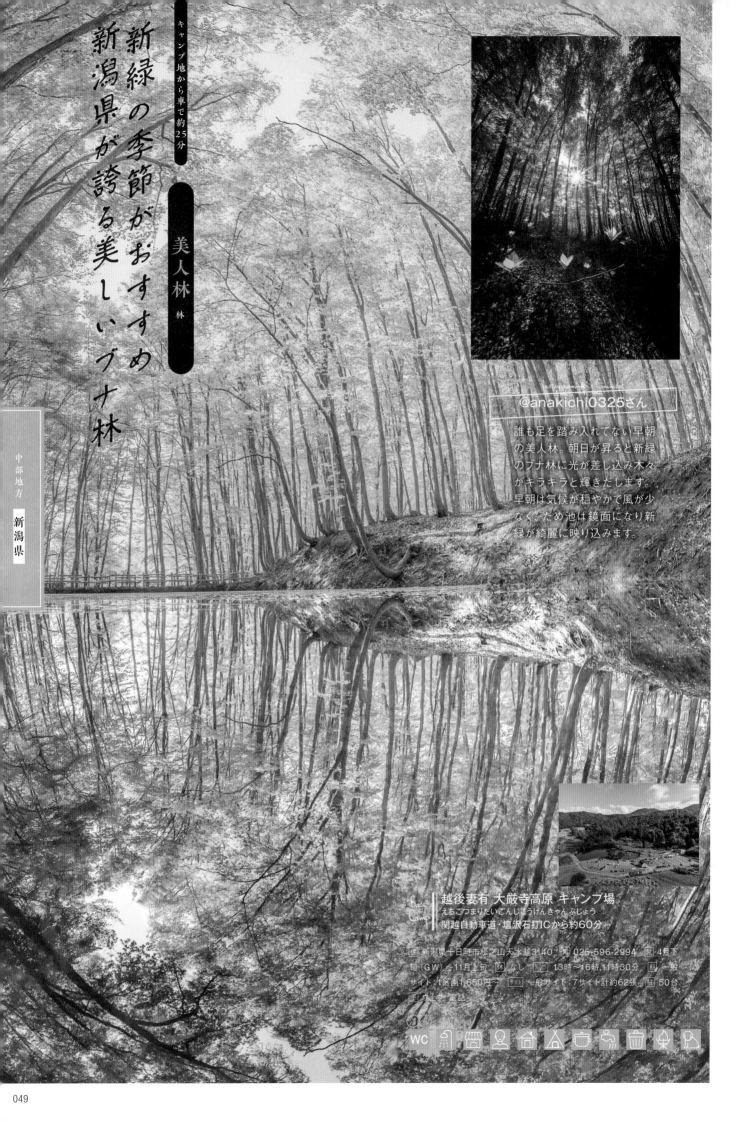

キャンプ地から車で約25分

美人林 林

新緑の季節がおすすめ 新潟県が誇る美しいブナ林

@anakichi0325さん

誰も足を踏み入れてない早朝の美人林。朝日が昇ると新緑のブナ林に光が差し込み木々がキラキラと輝きだします。早朝は気候が穏やかで風が少なく、ため池は鏡面になり新緑が綺麗に映り込みます。

越後妻有 大厳寺高原 キャンプ場
えちごつまりだいごんじょうこうげんきゃんぷじょう
関越自動車道・塩沢石打ICから約60分

新潟県十日町市松之山天水越3140　025-596-2994　4月下旬（GW）～11月上旬　なし　13時～16時,11時30分　一般サイト:1区画1,650円～　一般サイト:7サイト計約62張　50台　電話

WC

大小様々な水田が
魚の鱗のように斜面に広がる

星峠の棚田

棚田・星空

新潟県

中部地方

🏠 新潟県十日町市峠728　☎ 025-594-7600　🚗 4月下旬〜11月上旬　🅿 なし・🕐 14時〜「星峠の棚田」にあるCHAYAにて〜11時　💴 44,000円〜1日1組限定（最大8名まで）　🏕 絶景ツリーキャンプサイト：1区画　🅿 1台　📱 ウェブ

Instagrammer's Comment

@anakichi0325さん

暗闇の中で肉眼でもハッキリと見える天の川。夜が明けると棚田に流れ込んでくる雲海と水平線からゆっくりと上がってくる朝日が本当に綺麗でした。

Base Camp

星峠宿 TreeCamp
ほしとうげじゅくつりーきゃんぷ
関越自動車道・六日町ICから車で約60分

※山火事防止のため、薪や炭のご使用はお控えください。

海越しに見える立山連峰の壮大な眺め

雨晴海岸　海・山

中部地方
富山県

@marskpho_26さん

早朝や夕方の自然が創り出す風景が本当に綺麗で好きです。インスタを利用して絶景地を探していますが、そこを訪れる日によって自然の表情が変わるので、他の人と違う写真が撮れ自分が思うベストな瞬間に出会うことができれば最高です。絶景を見た感動が伝わる写真にするため、構図と光にこだわっています。また、現像では淡く格好良い仕上がりを目指しています。

WC ※シャワーは冷水のみ

Base Camp
雨晴キャンプ場
あまはらしきゃんぷじょう
能越自動車道・高岡北ICから車で約15分

住 富山県高岡市太田字田津口4764-4　電 0766-44-6200
営 4月1日から11月30日　休 12月1日から3月31日　IN/OUT 設定
なし　料 無料※7月1日から8月31日まで管理協力費（1グループ
1日500円、1泊1,000円）駐 113台　予 不可

黒部峡谷 峡谷

絶景の魅力は、見た瞬間にその景色に心を奪われてしまうこと。

様々に自然の景観が息づく 日本屈指の美しい峡谷

中部地方 **富山県**

Base Camp **朝日ヒスイ海岸オートキャンプ場**
あさひひすいかいがんおーときゃんぷじょう
北陸自動車道・朝日ICから車で約10分

住 富山県下新川郡朝日町境151　電 0765-83-0106　営 4月1日から11月30日　IN.OUT 14時～10時　料 オートサイト：4,840円、フリーサイト：2,420円、ペットサイト：4,840円　サイト オートサイト：40区画、フリーサイト：40区画、ペットサイト：7区画　駐 75台　予 ウェブ

北アルプスの自然あふれる雄大な美しい山々

立山連峰 山

しっかりとした登山の経験、
技術や体力を身につけた方が対象。

Base Camp
雷鳥沢キャンプ場
らいちょうざわきゃんぷじょう
立山黒部アルペンルート室堂ターミナルから徒歩約45分

住 富山県中新川郡立山町芦峅寺雷鳥平　電 090-1632-9141　営 4月
下旬から10月下旬　休 冬季休業（10月下旬〜4月下旬）　料 大人：1,000
円　駐 なし　予 不可

※夏山シーズンの混雑期やトイレが使用できなくなる11月以降は、携帯トイレ持参必須。

WC

キャンプ地から車で約25分

白米千枚田
棚田・夕日

奥能登の世界農業遺産
1004枚もの小さな田が連なる

Instagrammer's Comment
@yone_75さん

田んぼに水を張っている時期が一番美しい季節。夕日だけでなく日没後のトワイライトタイムも本当に綺麗です。快晴の日に太陽が沈む西の方角に雲があるかどうかはSCW（天気予測ツール）で確認。雲がなければ水平線に沈む綺麗な夕日を見ることが可能です。

Base Camp
袖ヶ浜キャンプ場
そでがはまきゃんぷじょう
のと里山海道・能登里山空港ICから車で約25分

住 石川県輪島市鳳至町袖ヶ浜　電 0768-23-1146　営 GW、夏季（7月中旬〜8月中旬頃）　IN/OUT 9時〜16時、〜9時　料 大人：1,050円　駐 約50台　ﾎ 不可

※期間外も使用可能だが、炊事場の水の利用不可、トイレは使用可能。

※シャワーは冷水のみ。8時30分〜17時まで管理人常駐。

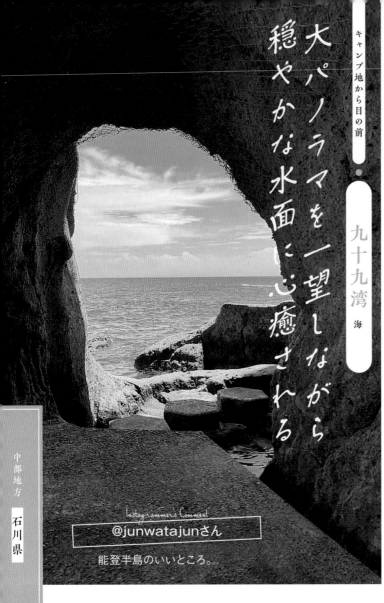

大パノラマを一望しながら穏やかな水面に心癒される

九十九湾　海

中部地方

石川県

Instagrammer's Comment
@junwatajunさん

能登半島のいいところ。

Instagrammer's Comment
@yamamura_katuさん

Base Camp
九十九湾園地野営場
つくもわんえんちやえいじょう
のと里山海道・のと里山空港ICから車で約40分

🏠 石川県鳳珠郡能登町越坂3-38　📞 090-5990-7471　📅 4月中頃～11月初旬
🛌 休 不定休　IN/OUT 11時～、～11時　💰 一般サイト：1区画5,500円～、オートサイト：1区画5,500円～、フリーサイト（ソロ専用）：2,750円～　🏕 一般サイト：15区画、オートサイト：9区画、フリーサイト：約10張　🅿 30台　予 ウェブ、電話

洋 WC 🏪 👤 🏠 ⛺ 🍲 🔌 🗑 🎣 🛁

※常駐管理は繁忙期のみ。

鶴仙渓　渓谷

温泉街を沿って流れる北陸随一の渓谷美を誇る名所

Instagrammer's Comment
@tarchan1157さん

風景は少しの時間で見え方が違ってきます。どんな写真でも、撮影は設定（絞り、ISO、シャッタースピードなど）を変え何カットか撮るようにしています。

Base Camp
イトノモリ Camping Field
いとのもりきゃんぴんぐふぃーるど
北陸自動車道・片山津ICから車で約20分

🏠 石川県加賀市山中温泉四十九院町地内　📞 070-2407-2888　📅 4月～11月　休 なし　IN/OUT 13時～18時、～10時　💰 ツリーデッキサイト：1区画8,000円～、グランドサイト：1区画4,000円～　🏕 ツリーデッキサイト：1区画、グランドサイト：12区画　🅿 14台　予 ウェブ、電話

洋 WC 🚿 ⛺ 🍲 🗑 🛁

※立地的に電波が届かないため、電話や通信機器が使用できません。

※インフラ（水道、電気）がありません。水道の代わりに井戸を整備、電気は最小限の使用に留めています。

九頭竜湖
湖畔

季節ごとに移り変わる 風情あるダム湖

中部地方 福井県

Base Camp | **九頭竜レイクサイドモビレージ**
くずりゅうれいくさいどもびれーじ
東海北陸自動車道・白鳥ICから車で約15分

住 福井県大野市下半原 電 0779-78-2408 営 4月中旬～11月下旬頃 IN.OUT 13時～,～11時 料 テント1張り：3,000円、タープ1張り：1,000円※別途入場料がかかります サイト 全51区画 予 ウェブ

@ngn_fufuさん

キャンプだから、テントだからこそ観える景色があると思います。テントを設営して、その場所に身を委ねると1日の変化をゆっくり堪能できる、それこそが絶景キャンプの魅力だと思います！構図を意識して、撮りたいものを真ん中に置いて撮影する事を意識しています。

@hofu_hofuさん

川、湖、星空などの自然が作る絶景を肌で感じたり、四季が作り出す景色を見て癒されることに、絶景の魅力を感じます。景色とテントを広角で引いて一緒に写すのが好きです。後で見返した時に、大自然の中でキャンプしてきたことを実感できるからです。

東尋坊の沖合いに浮かび
神の島とも呼ばれる

キャンプ地から車で約3分

雄島 島

Instagrammer's Comment
@naokijpさん

絶景とは、その場所で何時間でも見続けたくなるような景色だと思います。

Base Camp ‖ **キャンピングスペース　星空**
きゃんぴんぐすぺーす　ほしぞら
北陸自動車道・金津ICから車で約35分

[住] 福井県坂井市三国町安島13字5-1　[電] 090-1633-2858　[営] 通年
[休] なし　[IN.OUT] 12時〜,〜11時　[料] 1サイト：5,500円　[駐] 10台　[予] 電
話（090-0633-2858）

福井県
中部地方
山梨県

[住] 山梨県南巨摩郡身延町中之倉2926　[電] 0556-38-0117　[営] 通年　[休] なし　[IN.OUT] 各予約の時間
〜,〜10時　[料] フリーサイト：2,900円〜　[サイト] フリーサイト：約120張　[駐] 150台　[予] ウェブ

富士五湖のひとつ
最も深く透明度の高い
千円札の富士山

キャンプ地から目の前

本栖湖 湖畔

Instagrammer's Comment
@_saecam_さん

早朝、空気が澄んで風が穏やかな時間の景色が好きで、早起きして目の前の景色を楽しみます。

Base Camp ‖ **浩庵キャンプ場**
こうあんきゃんぷじょう
中央自動車道・河口湖ICから車で約30分

本栖湖
湖畔

富士五湖の最西端、神秘的な湖底レール

中部地方 山梨県

Base Camp
浩庵キャンプ場
こうあんきゃんぷじょう
中央自動車道・河口湖ICから車で約30分

WC

Instagrammer's Comment
@y_k_cameraさん

サップで人気のこの場所は、
人が少ない朝早い時間帯の
撮影がオススメです。

住 山梨県南巨摩郡身延町中之倉
2926 電 0556-38-0117 営
通年 休 なし 泊 各予約の時
間～～10時 料 フリーサイト：
2,900円～ 区 フリーサイト：
約120張 駐 150台 予 ウェブ

キャンプ地から目の前

北岳　山

日本第2位の高峰
南アルプスの北部に連なる

憧れの対象として、もしくは
いつか泊まってみたい目標として、
しっかりとした登山の経験、
技術や体力を身につけた方が対象。

Base Camp　**北岳山荘テント場**
きただけさんそうてんとじょう
場所：北岳・中白根鞍部、標高2,900メートル

[住] 山梨県南アルプス市芦安芦倉字野呂川
入西方1684　[電] 期間中 090-4529-
4947（北岳山荘直通・衛星電話）、期間外
055-282-6294（南アルプス市観光施設
課）[営] 6月中旬〜11月上旬　[予] 南ぷすリザ
ーブ（080-6775-7012）

Instagrammer's Comment
@yukinofujiさん

苦労した先に出会えるご褒
美・心の浄化

千畳敷カール 山

高低差日本一のロープウェイ
&登山で雲上の世界へ

中部地方 長野県

Instagrammer's Comment
@y_k_cameraさん

登山を頑張った人だけが見える絶景は格別です。写真に関しては、撮影場所の良さを活かした撮影をするようにしています！

Base Camp
駒ケ岳頂上山荘前幕営地
こまがたけちょうじょうさんそうまえばくえいち
中央自動車道・駒ヶ根IC下車〜菅の台BC〜しらび平（約1時間）※ロープウェイ乗車駅までの時間

[住] 長野県上伊那郡宮田村　[電] 090-5507-6345　[営] 7月上旬〜10月上旬　[休] なし　[IN/OUT] 設
定なし　[料] 大人：2,000円　[サイト] 約70張　[風呂] なし　[予] 不可
※宝剣山荘・頂上山荘で受付を済ませてからテント設営をしてください

WC

しっかりとした登山の経験、技術や体力を身につけた方が対象

※トイレは簡易式バイオトイレ、頂上山荘営業期間、7月上旬〜10月上旬

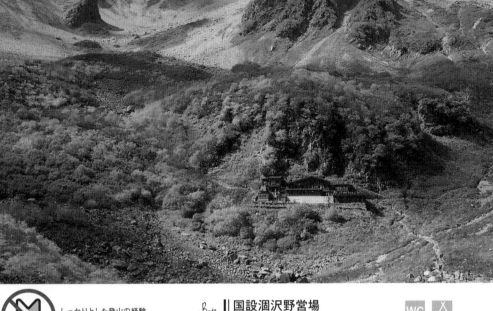

圧巻の風景を有する紅葉登山の代名詞涸沢カール

涸沢カール　山

中部地方
長野県

Instagrammer's Comment

@yukinofujiさん

感動したポイント（色や風景）そのままを写真におさめるようにしています。

しっかりとした登山の経験、技術や体力を身につけた方が対象。

Base Camp

国設涸沢野営場
こくせつからさわやえいち
上高地から徒歩15km（6〜8時間）

WC

※トイレは汲み取り式。テント貸出は7月15日〜10月9日まで。

Instagrammer's Comment

@kamixx_hykeさん

雄大な自然、ゆっくりと流れる時間、感動する心、全てが癒しになります。写真の撮り方は、手前に物を入れることで奥行きが出るようにしています。

住 長野県松本市安曇上高地　電 090-9002-2534　営 4月下旬〜11月初旬　休 なし　IN.OUT
受付時間 14時〜17時　料 大人：2,000円
サイト フリーサイト：約400張　駐 なし　予 不可
※真夏でも夜には気温が一桁台になることもあります。防寒着をお忘れなく。

キャンプ地から目の前

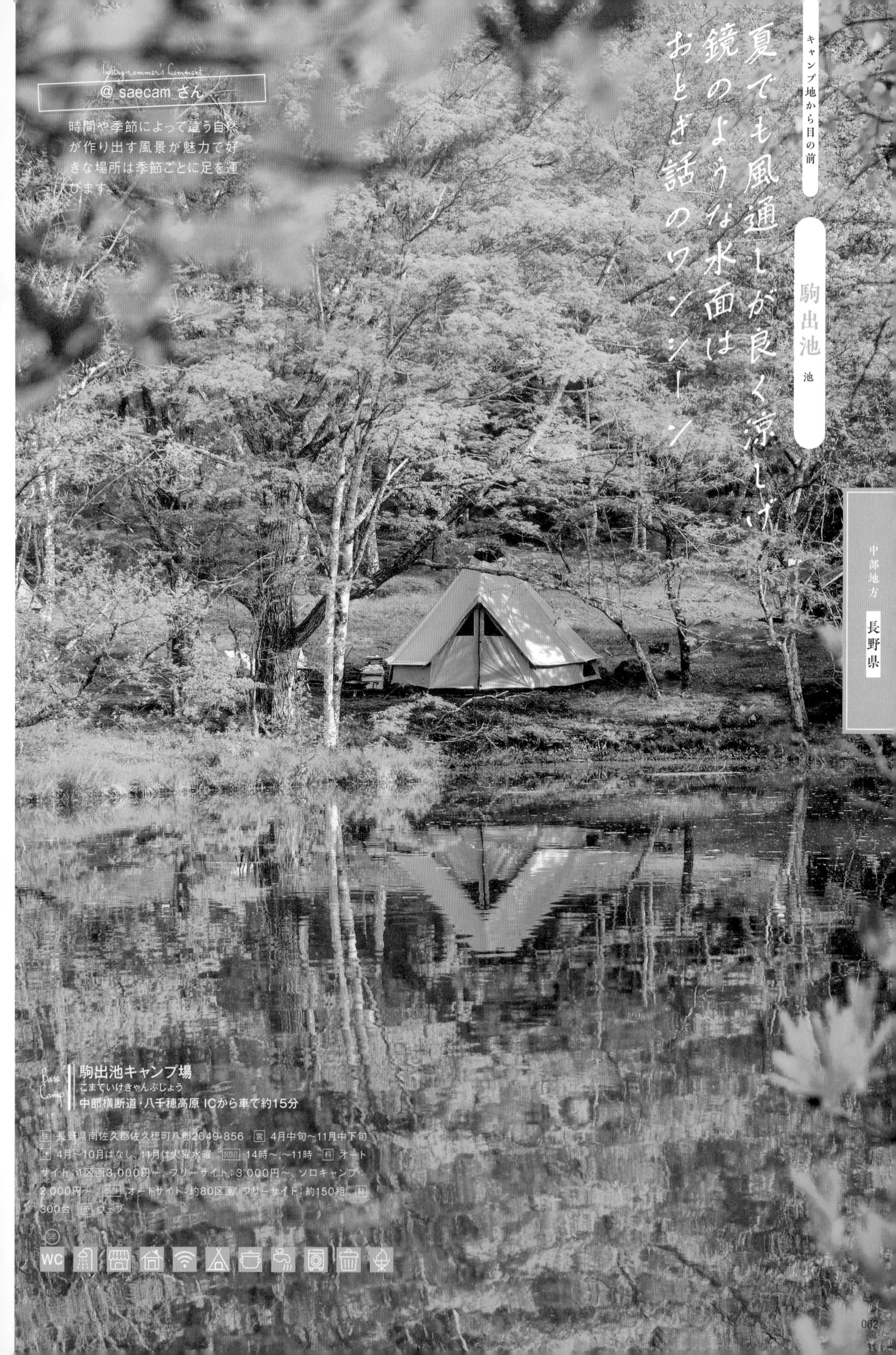

夏でも風通しが良く涼しげ 鏡のような水面は おとぎ話のワンシーン

駒出池 池

中部地方 長野県

Instagrammer's Comment

@_saecam_さん

時間や季節によって違う自然が作り出す風景が魅力で好きな場所は季節ごとに足を運びます。

Base Camp

駒出池キャンプ場

こまでいけきゃんぷじょう

中部横断道・八千穂高原 ICから車で約15分

住 長野県南佐久郡佐久穂町八郡2049-856 営 4月中旬～11月中下旬 休 4月～10月はなし、11月は火曜水曜 IN.OUT 14時～,～11時 料 オートサイト：1区画3,000円～、フリーサイト：3,000円～、ソロキャンプ：2,000円～ サイト オートサイト：約80区画、フリーサイト：約150組 駐 300台 予 ウェブ

洋

WC

エメラルドブルーに輝く清流と マイナスイオンを感じる森林の癒し

付知峡 渓谷

キャンプ地から徒歩30分

中部地方 岐阜県

Instagrammer's Comment
@loveheyさん

別名「青川」と呼ばれるほど透明度が高く、太陽の光が差し込むと青く輝きます。新緑、紅葉、雪景色との組み合わせはまさに絶景です。山に囲まれている地域なので、場所によって日の当たる時間が違います。撮りたいイメージに合わせて撮影する時間帯を選びます。付知川を撮るときは、水の青さをより綺麗に表現したいのでCPLフィルターで反射を調整しています。私が好きなキャンプ場は、綺麗な川が近くにあり標高が高めで真夏でも涼めます。ただし、水辺に出やすい虫がいるので注意は必要です。

Base Camp
本谷オートキャンプ場
ほんたにおーときゃんぷじょう
中央自動車道・中津川ICから車で約45分

🏠 岐阜県中津川市付知町字鳥畑　📞 0573-82-2900　🗓 4月下旬～11月下旬　🈺 不定休　🕐 13時～～11時　🅿 オートサイト：1区画 5,500円　🛖 オートサイト：13区画　🚱 なし　📶 電話

WC 🎣 🏕 🏠 🍲 📷 🚾 🚿 🌳 🧗

白川郷 地域

世界遺産「合掌造り集落」
郷愁を覚える佇まい

Base Camp | **さくら街道白川郷 ひらせ温泉キャンプサイト**
さくらかいどうしらかわごうひらせおんせんきゃんぷさいと
東海北陸自動車道・白川郷ICから車で約20分

住 岐阜県大野郡白川村大字長瀬字あまちの上766-1 電 090-1782-0455 IN/OUT 13時〜17時,7時〜12時 料 一般サイト：5,500円〜、オートフリーサイト：車1台2,000円〜※別送人園料がかかります

WC

Instagrammer's Comment
@__cerisier__89さん

日常から離れて各地の絶景を見ることが日頃の活力になっています。同じ場所でも、時間帯や天候によって違う景色が見られるのも魅力の一つです。その時の空気感や瞬間が、見る人に伝わるような写真を撮れるように心がけています。そして、主役がわかるような写真を撮ることがポイントだと思います。

中部地方 岐阜県

Instagrammer's Comment
@ima_ichiroさん

自分の心を豊かにし、気持ちのリフレッシュできるところが絶景の魅力です。絶景に出会うまでの移動が大変でも、すべての苦労やマイナスな気持ちを吹き飛ばしてくれます。カメラの設定はほとんどが「絞り優先」で、どう切り取って一枚に収めるかを一番に考えています。

キャンプ地から車で約20分

岐阜のマチュピチュ天空の茶畑

標高300mの場所にある天空の茶畑

Base Camp | **大津谷公園キャンプ場**
おおつだにこうえんきゃんぷじょう
東海環状自動車道・大野神戸ICから車で約15〜20分

住 岐阜県揖斐郡池田町宮地1102-2 電 058-214-8337
営 通年 休 なし IN/OUT 11時〜17時,〜10時30分 料 フリーサイト：3,300円〜（ソロ1,650円） サイト フリー：約100区画分 駐 約200台 予 ウェブ

洋 和
WC

※9:00〜18:00まで管理人常駐。

海と洞窟のコントラスト 自然が作り上げた芸術

キャンプ地から車で約7分

龍宮窟 洞窟

中部地方 静岡県

海の透明感と自然にできた洞窟が神秘的で、パワーをもらえそうな場所です。洞窟と海と石の部分がバランスよく映るように画角を意識して撮りました！

Base Camp ウェーブキャンプ場
うぇーぶきゃんぷじょう
伊豆縦貫自動車道・月ヶ瀬ICから車で約1時間

[住] 静岡県 JP 415-0028 [電] 0558-22-8271 [IN,OUT] 15時〜,〜10時 [料] 大人1名4,000円 [サイト] 1日1組限定貸切 最大15名様まで（2名様以上） [駐] あり [予] 電話、メール

WC 🚿 ⛺ 🍴 🐕

Base Camp 南伊豆キャンピングテラス
みなみいずきゃんぴんぐてらす
東名高速道路・沼津ICから車で約2時間

WC 🚿 🗑 🐕

[住] 静岡県賀茂郡南伊豆町子浦1349-6 [電] 090-9318-3456 [IN,OUT] 13時〜17時、〜11時 [料] 大人：6,600円（施設使用料含む）〜 [駐] あり [予] ウェブ

早朝や夕暮れの幻想的な美しさは必見

キャンプ地から目の前

駿河湾 湾・海

絶景の魅力は、自然が創り出したその時その場だけの、二度と見られない風景だと思います。自然との調和や景観を損なわないサイト作りを心がけています。日の出、日の入りは撮影のゴールデンタイムなので、ご飯は手抜きになりがちです。

富士山　山

大自然の中に
美しくそびえたつ
日本のシンボル

Instagrammer's Comment
@takashifujitaniさん

「絶景」と呼ばれるものは一部の特定の
場所にのみ存在するので、その独自性と稀
少性が魅力かなと思っています。あまり知
られていない穴場スポットなど、ニッチな
絶景を探し求める旅も楽しいです。また
「絶景」は美しい写真や思い出も残しや
すいです。目の前にしたときの感動や興奮
は、写真や動画で後々振り返ったり、また
訪れたときの記憶も蘇らせてくれます。
視点と構図、光の使い方、色彩とトーン··
などを意識し、特別な雰囲気や深みを出す
ように撮っています。

Base
Camp ふもとっぱら
ふもとっぱら
東名高速道路・富士ICから車で約50分

住 静岡県富士宮市麓156 電 0544-52-2112 営 通年 休 なし IN.OUT
8時30分〜17時、〜14時 料 大人1名：1,000円、普通車：2,000円、バイ
ク：1,000円、大型：4,000円 サイト 非公開 駐 なし（キャンプサイトに
全て乗り入れ） 予 ウェブ

洋 和
WC
※夜間電話受付あり。

Instagrammer's Comment
@yu.sc.photoさん

紅葉、新緑、ライトアップまとめて
みました！

キャンプ地から徒歩約10分

香嵐渓　渓谷

紅葉が名所として
知られる香嵐渓
約4000本のもみじが
優美に色づく

Base Camp 香嵐渓一の谷
こうらんけいいちのたに
東海環状自動車道・鞍ヶ池 ICから車で約20分

住 愛知県豊田市足助町一の谷22番地　電 0565-62-0508　営 通年
休 木曜日（※6月・10月・年末年始長期休暇あり）IN.OUT 13時〜17時、〜11
時　料 一般サイト：1区画大人2名9,000円〜　サイト 一般サイト：1区画
駐 100台　予 ウェブ、電話
※11月のもみじ祭り期間中はご予約できません。

四谷の千枚田　棚田

鞍掛山の麓に広がる石積みの棚田
人と自然が共生する日本の原風景

Base Camp｜愛知県民の森
あいちけんみんのもり
新東名高速道路・新城ICより車で約20分

[住] 愛知県新城市門谷字鳳来寺7-60　[電] 0536-32-1262　[営] 通年　[休] 月曜日（※7〜8月は無休）　[IN/OUT] 14時〜・〜12時　[料] 常設テント：1張450円、オートサイト：1区画3,400円〜※別途キャンプ場利用料がかかります。　[駐] 約200台　[予] 電話

WC
※ろうそく、蚊取り線香は禁止。

中部地方　愛知県

Instagrammer's Comment
@anakichi0325さん

山道を走ってると突如現れる広大な千枚田。小雨の降る中で撮影した一枚です。実際に目で見た景色の雰囲気や空気感が少しでも多く伝わるように撮影しました。

キャンプ地から車で約15分

川売の梅花

梅

山間の傾斜地に広がる
1500本の梅！
満開で彩られた
風景はまさに桃源郷

Instagrammer's Comment

@snap2016さん

天候を選んで撮影に行きます。山間にかかる朝霧と共に撮影したかったので雨あがりの早朝に。

Base Camp
学童農園山びこの丘
がくどうのうえんやまびこのおか
新東名高速道路・新城ICから車で約15分

住 愛知県新城市玖老勢字新井9番地　電 0536-35-1191
営 通年　休 年末年始（12月29日〜1月3日）IN,OUT 13時〜，〜12時　料 施設使用料 大人：2,000円、区画サイト：1区画1,000円、オートサイト：1区画4,000円、ウッドデッキサイト：2,000円〜　サイト 区画サイト：8区画、オートサイト：3区画、ウッドデッキサイト：3区画　駐 40台　予 電話

洋 和

※夜間17：00〜翌8：00まで宿直。コインシャワー冬季使用不可。

四季を通じて様々な表情を見せる日本最大級の棚田

丸山千枚田　棚田

関西地方
三重県

千枚田オートキャンプ場
Base Camp
せんまいだおーときゃんぷじょう
熊野尾鷲道路・大泊ICから車で約50分

WC

住 三重県熊野市紀和町大栗須701　電 0597-97-1157　営 通年　休 日曜日　IN.OUT 14時〜17時,〜11時　料 キャンプサイト：1区画3,500円〜、ドッグサイト：4,500円〜　サイト キャンプサイト：21区画、ドッグサイト：5区画　駐 約40台　予 ウェブ

Instagrammer's Comment
@hosocchi3131さん

車で数時間走れば出会える非日常の感動が絶景の魅力です。 インスタ投稿を目的にスマホ（iPhone）のみで撮影しています。

百種類、四千本以上の
梅が咲き乱れる圧巻の光景

いなべ市梅林公園
木・花

絶景は自分の知らない世界を
広げてくれる存在です。 写真
は肉眼で見た印象を大事にし
ています。

関西地方
三重県

隠

Base Camp やまてらす -FUJIWARA OUTDOOR LIVING-
やまてらす　ふじわらあうとどありびんぐ
名神高速道路・関ヶ原ICから車で約50分

住 三重県いなべ市

自然が作り出す雄大さや力強
さからもらえるパワーがとて
も魅力です。

関西地方
滋賀県

キャンプ地から徒歩約10分

白鬚神社

神社・湖畔

「近江の厳島」とも称され
琵琶湖畔に佇む大鳥居が神秘的

Base
Camp

SHIRAHIGE BEACH
しらひげびーち
名神高速道路・京都東ICから車で約1時間

住 滋賀県高島市鵜川1091 電 0740-36-1248 営 通年 休 1〜6月
（木曜定休）、7月〜9月（無休）、10月〜12月（木曜定休）※年末年始休
業 IN/OUT 14時〜・〜11時 料 入場料：大人 500円、テント1張り：3,000
円〜 駐 約180台 予 ウェブ

洋 和
WC

Instagrammer's Comment

@flola143さん

こころ洗われる風景に出会える幸せが絶景の魅力です。写真撮影は、美しいと思った感性を大切に表現出来る構図を考えています。キャンプ場は、自然を感じる事ができるシンプルなフリーサイトのキャンプ場をセレクトしています。

Base Camp ‖ **六ツ矢崎浜オートキャンプ場**
むつやざきはまおーときゃんぷじょう
名神高速道路・京都東ICから車で約1時間

住 滋賀県高島市新旭町深溝　電 0740-33-7101
営 通年　休 年末年始　IN/OUT 12時〜,〜12時　料 フリーサイト：2,000円〜　サイト フリーサイト：115張
駐 各サイトにてテントに横付け駐車可　予 ウェブ

和 WC

※トイレは汲み取り式。シャワーは足洗用の冷水のみ。売店は薪・炭のみ。

キャンプ地から目の前 ● **琵琶湖** 湖畔

日本最大の淡水湖にして
日本最古の湖
壮観な朝夕の顔

Instagrammer's Comment

@campanman.campさん

絶景に言葉などいらない。絶景を目の前にして感動し、立ち尽くして時間を忘れさせてくれます。撮影については、日の出の奥行き感と雪を際立たせるため全体のバランスを意識しました。

浜詰夕日ヶ浦海水浴場 海

夕暮れの中で空と海の境界線を歩いてみませんか？

@orenji31508 さん

絶景は普段見れないものが見れる、私にとっては癒しです。写真は綺麗な景色にプラスαで撮りたいです。

関西地方 京都府

Base Camp

浜詰・夕日ヶ浦キャンプ場
はまづめゆうひがうらきゃんぷじょう
中国自動車道・吉川JCTから車で約1時間45分

住 京都府京丹後市網野町浜詰　電 0772-74-9350　営 7月中旬～8月中旬　料 テント1張り：2,000円　サイト テント設置区画：20区画　駐 150台　予 不可（当日先着順）

※シャワーは冷水のみ。

和束の茶畑　畑

緑豊かな山腹に広がる
茶畑は空にまで届くよう

Base Camp
TAKUMI CAMP FIFLD
たくみきゃんぷふぃーるど
第二京阪道路・枚方学研ICから車で約25分

Instagrammer's Comment
@papisyuさん

全体像やポイントを絞った画角で撮影をすることを心がけています。被写体にできる限り近づいたり、思いっきり引いてみたりと、いろいろポイントを探して撮影しています。

住 京都府綴喜郡井手町田村新田大谷18　電 090-7873-6078　営 通年　休 なし　IN.OUT 10時30分〜15時、〜10時30分　料 Mサイト：1区画3,800円〜、Lサイト：1区画4,500円〜、林間サイト：3,800円〜　サイト Mサイト：7区画、Lサイト：1区画、林間サイト：2区画（全サイト車乗り入れ可）　駐 5台　予 ウェブ

関西地方　京都府

キャンプ地から車で約8分

北山友禅菊　花

薄紫色の絨毯
静かな山里に
色鮮やかに咲く幻の花

Instagrammer's Comment
@a.k.i__cameraさん

その場所の魅力をいかに伝えることができるかをいつも考えながら構図を探しています。

Base Camp
いこいの里　久多キャンプ場
いこいのさと　くたきゃんぷじょう
名神高速道路・京都東ICから車で約1時間

住 京都府京都市左京区久多川合町6
電 075-748-2054　営 4月下旬〜11月末日　IN.OUT 11時〜、〜10時　料 持込テント：1張り2,500円〜※別途施設利用料金がかかります　駐 40台　予 ウェブ

滝畑四十八滝 滝

紀伊山地から湧き出た水が
多数の滝をつくる
癒しの滝めぐり

関西地方
大阪府

Instagrammer's Comment
koharu_cmr2さん

キャンプ場のすぐ近くにこんな秘境のような神秘的な滝があるって、贅沢すぎませんか！ 滝畑四十八滝の一つで、近くにもたくさんの滝があるのでハイキングにもオススメです。撮影について、光芒は太陽が低い位置にある時に出やすいみたいなので、午前中に着くように行きました。しっかりと光芒を写したかったので絞り気味（F10）で撮影してみました。

隠 [住] 大阪府河内長野市

花畑と風車が織りなす光景は異国情緒を味わえる

キャンプ地から目の前

花博記念公園鶴見緑地
花畑

@satomi24jpさん

美しい絶景を見ると心の底からワクワクと感動が沸き起こり、生きててよかったとエネルギーをもらえて癒されます。

Base Camp　鶴見緑地キャンプ場
つるみりょくちきゃんぷじょう
近畿自動車道・大東鶴見IC、門真ICから車で約10分

🚻 WC　🏪　⛺　🍲

住 大阪府大阪市鶴見区緑地公園2-163　電 070-5268-4088
営 3月1日〜11月26日　休 月曜日（※GW、お盆は営業）　IN.OUT 設定
なし　料 無料　サイト 一般サイト：10区画　駐 1113台　予 ウェブ

@inonbiriyaさん

満開のツツジと二重に架かる赤い橋がカラフルな可愛い景色でした。撮影については、自分の感動ポイントを明確にし、画角のバランスを見て撮っています。

Base Camp　豊国崎オートキャンプ場
とよくにさきおーときゃんぷじょう
国道26号線バイパス・淡輪ランプから車で約10分

🚻 WC　🏪　👤　🍲　🚿　🗑　⛺　🐾

春の山肌一面を染める800本の桜と5万本のつつじ

キャンプ地から車で約30分

淡輪遊園
丘陵

住 大阪府泉南郡岬町多奈川谷川35　電 090-9316-0222　営
通年　休 不定休（必ず事前にご確認ください）　IN.OUT 13時〜／〜11
時　料 区画オートサイト：1区画3,800円〜、森林サイト：2,800
円〜　サイト 区画オートサイト：14区画、森林サイト：10スペース
駐 区画オートサイト：車両乗入、森林サイト：10台　予 電話、インスタグラムDM

丹波の山々に囲まれ
湖のような緩やかな川の前で
目を覚ます

キャンプ地から目の前

丹波山地 山・川

関西地方 **兵庫県**

Base Camp｜**日ヶ奥渓谷キャンプ場**
ひがおくけいこくきゃんぷじょう
舞鶴若狭自動車道・丹南ICから車で約20分

WC 🚿 🏠 🍳 🌲

🏠 兵庫県丹波市春日町多利タキ
ガナル252-1 ☎ 0795-74-
1549 📅 4月29日〜11月末
休 なし 🕐 12時〜、〜11時 料
オートサイト：1区画3,500円、持
込テント：2,000円〜 他※別途
施設利用料がかかります。🅿 区
営駐車場利用 予 電話

Instagrammer's Comment
@anakichi0325さん

キャンプ中に食べるキャンプ
飯は、キャンプ場周辺にある
ご当地の食べ物や、その土地
の名産品を食べるようにして
ます。ご当地のスーパーなど
に行くと新たな発見があった
りするので、それも楽しみの
一つです。

若杉高原 高原

住 兵庫県養父市大屋町若杉99-2 電 079-669-1576 営 通年 休 なし IN.OUT 13時～16時45分、～12時 料 絶景区画サイト：1区画5,500円～、星空デッキサイト：1区画4,400円、星空区画サイト：3,300円、他※別途施設利用料がかかります。駐 あり 予 ウェブ

大きな空と山々
自然の奥行きを
感じさせてくれる

Base Camp
若杉高原おおやキャンプ場
わかすこうげんおおやきゃんぷじょう
中国自動車道・山崎ICから車で約1時間

WC

関西地方 **兵庫県**

@kay___campさん

山々を独り占めできる絶景サイトで、自然とテントのみが映るように撮影しました。キャンプについては、夫婦のみでキャンプに行く場合、「プライベート空間×自然の中」が叶っているキャンプ場を選ぶことが多いです。グルキャンやキャンプ初めての知り合いを連れていく場合は、設備（トイレ、シャワーや温泉）やアクセスを重視しています。

巨岩の合間を縫って
瑠璃色に輝く清流

みたらい渓谷 渓谷

Instagrammer's Comment
@saori_m.m.y.yさん

特に撮影についてこだわりはありませんが、できるだけ視覚で見る景色と近い状態でおさめれたらいいなと思っています。

関西地方
奈良県

Base Camp 天川みのずみオートキャンプ場
てんかわみのずみおーときゃんぷじょう
近畿自動車道・松原ICから車で約1時間30分

[住] 奈良県吉野郡天川村南角52　[電] 050-5530-6945　[営] 3月中旬〜12月29日　[休] 火曜日、水曜日（連休・繁忙期は除く）[IN,OUT] 13時〜15時,〜11時　[料] オートサイト：3,500円〜※別途施設利用料がかかります。
[予] 電話

[住] 奈良県御所市櫛羅2569　[電] 0745-62-5083　[営] 通年（但しロープウェイ連休期間は休業）[休] 不定休　[IN,OUT] 15時〜〜10時　[料] フリーサイド：大人300円　[予] なし　[予] 電話
※キャンプ場まで自動車不可、登山またはロープウェイ利用（9時10分〜17時00分）

色鮮やかに迎えてくれる
つつじの大パノラマ

葛城高原 高原

Instagrammer's Comment
@satomi24jpさん

広角で撮る時は奥行き感、圧巻に見えるように視点を下げてローアングルなどで撮ります。

Base Camp 葛城高原ロッジ
かつらぎこうげんろっじ
京奈和自動車道・御所南ICから車で約15分
葛城登山口駅からロープウェイで6分　山上駅下車徒歩10分

※近くに県営トイレあり

曽爾高原
高原

ススキの絨毯が風に揺れる秋
陽射しを浴びて輝く黄金色の景色

Instagrammer's Comment
@wataru_sky_sky さん

天候や季節によって必ずしも絶景に出会えないというのもひとつの魅力に感じます。事前に行く場所を調べたり、天気をチェックしたり、予定を組んだり、色々な過程を踏んだ中で実際に訪れて絶景を見れた瞬間は一際嬉しさが込み上げてきます。撮りたいと思ったものは失敗してもいいのでチャレンジするようにしてます。

Base Camp
サン・ビレッジ曽爾
さんびれっじそに
名阪国道・針ICから車で約45分

住 奈良県宇陀郡曽爾村大字今井911-1　電 0745-94-2619　料 オートキャンプサイト：4,800円〜※別途施設利用料がかかります　サイト オートキャンプサイト：26サイト　園 あり　予 ウェブ、電話

WC

なだらかな山上に広がる大パノラマ
火上げ岩はフォトスポット

キャンプ地から目の前

生石高原 高原

関西地方　和歌山県

生石高原キャンプ場
おいしこうげんきゃんぷじょう
阪和自動車道・海南東ICから車で約50分

Base Camp

住 和歌山県海草郡紀美野町中田899-29　電 073-489-3586　営 通年　休 年末年始　IN/OUT 15時〜、〜11時　料 小区画：1,540円〜、大区画：3,850円〜　サイト オートサイト：大区画（車）12区画、小区画（オートバイ）4区画　駐 1台　予 電話

WC 🏪 🍳 🐾

Instagrammer's Comment
@y_k_cameraさん

この場所は晴れた日も絶景なのでオススメです。

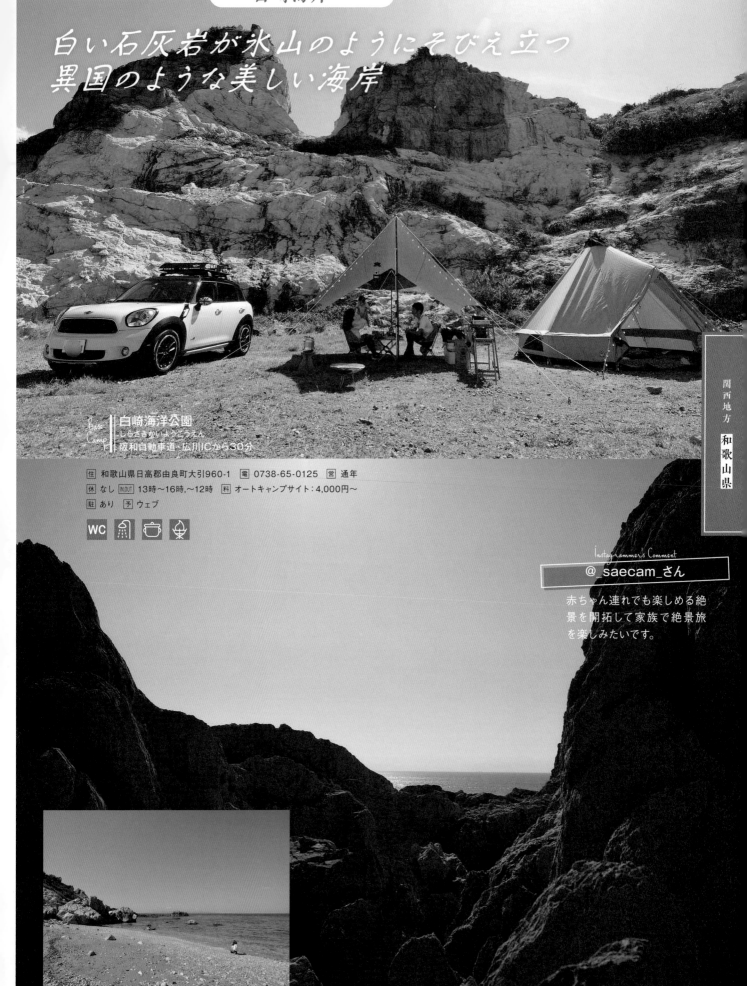

白崎海岸 海

白い石灰岩が氷山のようにそびえ立つ
異国のような美しい海岸

関西地方 和歌山県

Base Camp 白崎海洋公園
しらさきかいようこうえん
阪和自動車道・広川ICから30分

住 和歌山県日高郡由良町大引960-1　電 0738-65-0125　営 通年
休 なし　IN.OUT 13時〜16時、〜12時　料 オートキャンプサイト:4,000円〜
駐 あり　予 ウェブ

WC

Instagrammer's Comment
@_saecam_さん

赤ちゃん連れでも楽しめる絶
景を開拓して家族で絶景旅
を楽しみたいです。

キャンプ地から車で約15分

青く澄んだ海に大小40余りの岩柱がそそり立つ

橋杭岩 岩・海

関西地方 和歌山県

Instagrammer's Comment
@yuusuke.morimotoさん

美しい風景に出会うには入念な計画が必要です。この橋杭岩の撮影では、潮の満ち引き・日の出時間・天候・風を事前に調べ、ベストな日時を調べます。夜明けの1時間前には現着し、撮影位置、構図を決めます。

Base Camp ‖ 潮岬望楼の芝キャンプ場
しおのみさきぼうろうのしばきゃんぷじょう
紀勢自動車道・すさみ南ICから車で約1時間

住 和歌山県東牟婁郡串本町潮岬2706-39 電 0735-62-0557 営 年度毎スケジュール串本町HP要確認 料 小学生以上：1,000円 サイト フリーサイト：約250張 駐 約120台 予 不可

WC 🏪 🍲 🗑 ⛺ 🐕

神庭の滝
滝・紅葉

中国地方随一の名瀑を
紅葉とともに楽しむ

中国地方　岡山県

Base Camp
クリエイト菅谷
くりえいとすけだに
米子自動車道・久世ICから約45分

住 岡山県真庭市美甘1050-2　電 0867-56-2044　営 通年　休
水曜日、年末年始　IN/OUT 12時～、～12時　料 フリーサイト：1,500
円、テントサイト：2,000円～　サイト テントサイト：15区画　駐 100
台　予 電話、ウェブ

WC

Instagrammer's Comment
@photoshinjiiさん

迫力のある景色は、普段の生
活から離れて、瞬間的にでも
心を打ち抜く感覚にさせてく
れます。写真は、なんとなくで
撮ると必ず良い画にならない
ので、構図をしっかりと考えて
シャッターを押すことを意識
しています。

蒜山高原 高原・紅葉

美しい稜線が広がる標高約600mの高原地

絶景は自分だけじゃなくて、見る人すべを魅了するものだと思います。人との出会いも一期一会なら、自然の風景との出会いもまさに一期一会。素敵な出会いに感謝しながらシャッターを切っています。

中国地方 岡山県

自然に囲まれた景色の中では、心が洗われます。この日は、朝日が綺麗でしたので、全体的な雰囲気を出せるよう遠目から撮影しました。ファミリーキャンプが多いので、家族が楽しめる場所を選ぶようにしています

Base Camp
休暇村蒜山高原キャンプ場
きゅうかむらひるぜんこうげんきゃんぷじょう
米子自動車道・蒜山ICより車で約40分

WC

住 岡山県真庭市蒜山上福田　電 0867-66-2501　営 4月15日〜11月30日　休 なし　時間 13時〜19時、〜11時
料 管理費：600円、持ち込み区画サイト：1,500円、オートサイト：3,500円〜、常設テントサイト：4,500円　サイト オートサイト：88区画、フリーサイト：16張、常設テント：5区画
駐 154台　予 電話、ウェブ

「晴れの国」岡山で一番の晴天率もたらされた静寂の夜

遥照山 藤波池
池畔・夜空

中国地方 岡山県

Base Camp

遥照山藤波池畔キャンプ場
ようしょうざんふじなみちはんきゃんぷじょう
山陽自動車道・鴨方ICより車で約20分

住 岡山県浅口市鴨方町益坂1866-8　電 090-4109-6678、0865-44-6678　営 7月～9月及び土日・祝日　休 なし　IN.OUT 15時～,～10時
料 テント持ち込み：1張2,000円　駐 約70台　予 電話

洋
WC

Instagrammer's Comment

@issei_is_aloneさん

絶景の魅力は、壮大な自然を目の前にして、改めて生きているということが実感できるところです。雑貨をどれだけ削ぎ落とせるのかを楽しんだり、おおよその部分を自然に任せてみたり。色々なものをデトックスして新しい発見があるのは、やはり自然を満喫できるキャンプ地ならではだと思います。

Instagrammer's Comment
@tkb_tkhrさん

絶景を見るためには苦労が付き物ですが、自然の迫力、綺麗さを目にして苦労が報われたときの感動は何者にも変えがたい魅力です。

自然が奏でる音が楽しめるのどかな林間サイト

雨滝・筥滝
滝・森林

Base Camp
岩美町立町民いこいの里
いわみちょうりつちょうみんいこいのさと
山陰近畿自動車道・岩美ICから車で約15分

WC

※焚き火台はバーベキュー利用のみ可。

住 鳥取県岩美郡岩美町大坂 電 0857-72-3366（管理事務所）、0857-73-1416（予約受付 平日のみ） 営 4月下旬～11月上旬 休 なし IN.OUT 11時～15時、～10時 料 町外在住者利用の場合 テントサイト：500円 サイト テントサイト：7区画 駐 普通車20台、大型バス3台 予 電話、ウェブ
※利用初日の3開庁日前までに予約が必要。

Instagrammer's Comment
@otocin398さん

そう大きくはないキャンプ場ですが、豊かな森林が広がり、静謐な雰囲気が味わえます。同じキャンプ場でも、天気や季節が違うだけで別の景色や遊びが楽しめると思います。

中国地方 **鳥取県**

Instagrammer's Comment
@tkb_tkhrさん

雨滝から600m程度歩くと営
滝があります。急な階段や獣
道のようなところを歩くので、
動きやすい服装と長靴があっ
た方が良いです。営滝は立体
的に3段重なった滝のため、
初めて見た人は必ず驚嘆の声
をあげていました。

三瓶山の麓で
紅葉に包まれながら
くつろぐひと時

三瓶山北の原キャンプ場
さんべさんきたのはらきゃんぷじょう
中国自動車道・三次ICから車で約1時間10分

Base Camp

住 島根県大田市三瓶町多根1121-1　電 0854-86-0152　営 通年（キャンプサイトは4月〜11月）　休 年末年始、12月〜3月は火曜日　IN.OUT 15時〜17時,9時〜11時　料 持ち込みサイト：3,200円〜、常設サイト：6,400円〜、フリーサイト：1,000円〜、他　サイト オートサイト：73区画、一般サイト：約150張　駐 あり　予 電話、ウェブ

※必ず利用する前日までに予約。

Instagrammers Comment
@teku_teku0831さん

1番大事にしているのは、家族の時間。自然の中で、できるだけゆったりとした時間を過ごせるようにしています。日常では味わえない抜けている景色や山々を目の前にしながら、食べるご飯は、どんな高級レストランよりも美味しく感じることができます。

三瓶山（展望台）

山・雲海

美しい色彩に染まる
山頂の大パノラマ

中国地方

島根県

Instagrammer's Comment
@yasu.phさん

夜明け前の朝焼け、雲海の中の日の出、日の出に照らされた三瓶山と多くの魅力を堪能できます。東の原登山口から40分ほど登った大平山の山頂では、これらの全てを見ることができます。また、ツアーを予約すると夜明け前にリフトで山頂付近まで行くこともできます。

日本の遊歩百選に選ばれた名勝の地

自然がつくる美しさには言葉を失います。この写真は雲間から日が差すのをひたすら待ち撮影しました。

中国地方　広島県

Base Camp | **Oki Islands Camping Park**
おきあいらんど きゃんぴんぐぱーく
西ノ島・別府港から車で10分

住 島根県隠岐郡西ノ島町大字浦郷825番地1　電 08514-6-0023　営
4月28日〜10月31日　休 なし　IN/OUT 13時〜17時30分、〜10時　料 1区
画：4,000円　サイト 6区画　駐 6台　予 電話、ウェブ
※トンビやカラスが多いため、徹底したゴミ管理必須。

※焚き火の際は、防火シートを使用。

世羅雲海

雲海・夕日

シャンテパルク新山展望台

雲の海に浮かぶ
奇跡の風景

中国地方 広島県

眼下に雲海が広がる山頂はまさに絶景。紅葉の季節はとくに最高です。写真を撮る際は、三脚・レリーズを必ず使用して撮影しています。

キャンプ上級者向け

Base
Camp
シャンテパルク新山キャンプ場
しゃんてぱるくにいやまきゃんぷじょう
尾道松江道・世羅ICから車で15分

住 広島県世羅郡世羅町大字本郷10117-106　電 0847-22-3216　営
4月1日～12月27日　休 12月28日～3月31日　IN/OUT 13時～、～10時　料
無料　サイト 3区画　駐 キャンプ場内に駐車　予 電話
※テント設営は、管理棟前のスペースのみ。鳥獣、蛇、蜂等に注意。前日までに電話で予約（平
日8時30分～17時15分）

WC

※トイレは汲み取り式。水道は飲用水としてはご利用できません。

Instagrammer's Comment

@55hassanさん

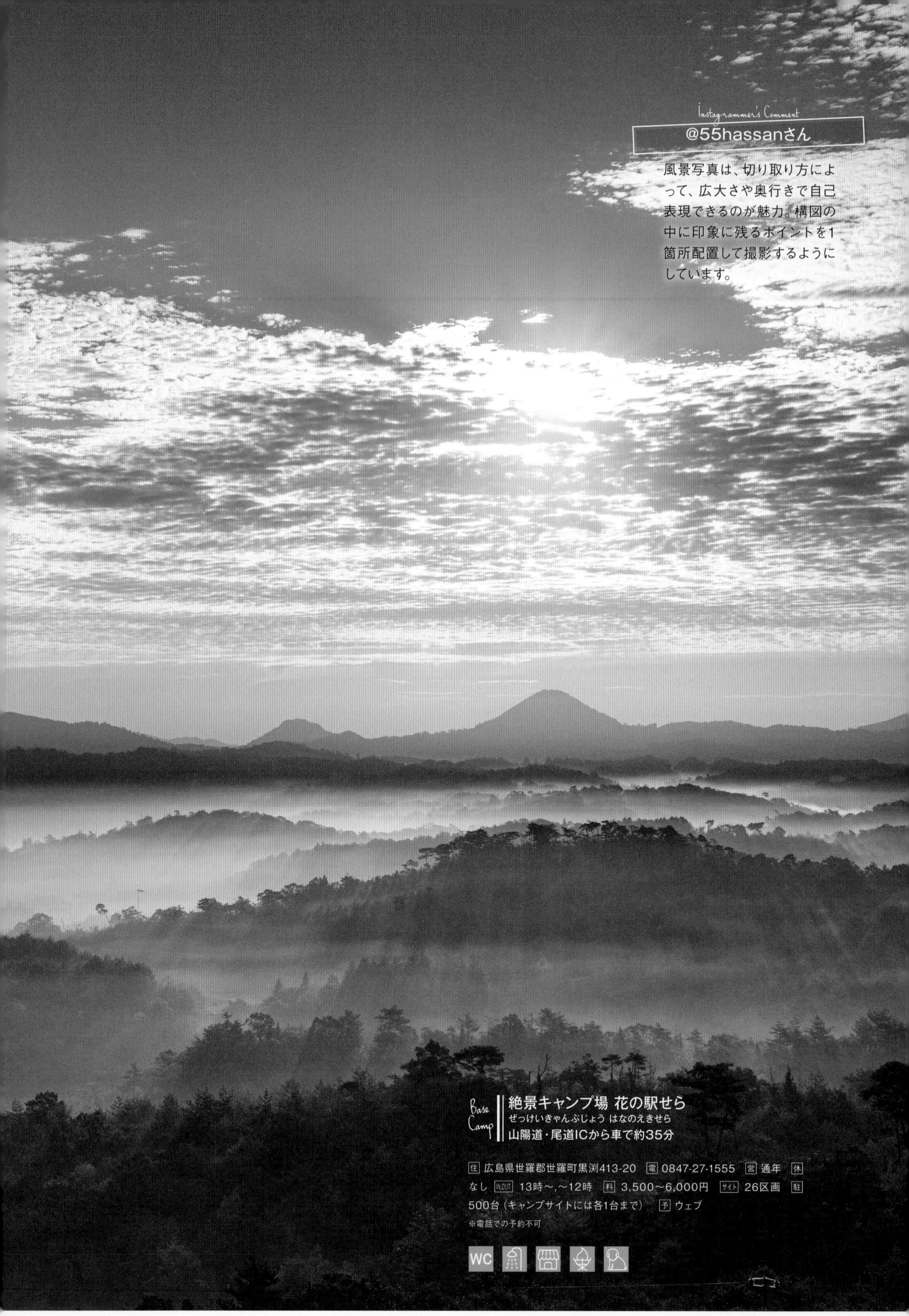

風景写真は、切り取り方によって、広大さや奥行きで自己表現できるのが魅力。構図の中に印象に残るポイントを1箇所配置して撮影するようにしています。

Base Camp

絶景キャンプ場 花の駅せら

ぜっけいきゃんぷじょう はなのえきせら

山陽道・尾道ICから車で約35分

住 広島県世羅郡世羅町黒渕413-20　電 0847-27-1555　営 通年　休 なし　IN,OUT 13時～,～12時　料 3,500～6,000円　サイト 26区画　駐 500台（キャンプサイトには各1台まで）　予 ウェブ

※電話での予約不可

WC

雲海とコスモスが結ぶ
幸せの光に包まれて

花の駅せら雲海
花・雲海

中国地方
広島県

日本を代表する石灰岩の天
然橋です。水面ギリギリにカ
メラを設置して、もみじが流れ
てくるタイミングで雄橋と全
体の紅葉を撮影しました。

キャンプ地から徒歩で約30分

帝釈峡（雄橋）
橋・紅葉

世界三大天然橋に選ばれた「神の橋」

中国地方　広島県

Base Camp

庄原市森林体験交流施設 帝釈峡まほろばの里
しょうばらししんりんたいけんこうりゅうしせつ たいしゃくきょうまほろばのさと
中国自動車道・東城ICより車で約20分

住 広島県庄原市東城町帝釈未渡1903　電 08477-6-0500　営 4月1
日～11月末　休 水曜日・年末年始　IN/OUT 10時～、～10時　料 テントサイ
ト：2,090円、オートサイト：3,500円　サイト オートサイト：9区画、フリー
サイト：20張　駐 110台　予 電話

WC

コバルトブルーの海に浮かぶ絶景橋

角島大橋　橋・海

Base Camp

角島大浜海水浴場
つのしまおおはまかいすいよくじょう
中国自動車道・下関ICから車で約1時間20分

[住] 山口県下関市豊北町角島893　[電] 083-786-0477　[営] 7月14日〜9月3日　[休] なし　[IN.OUT] 12時〜18時、〜10時　[料] 海浜清掃等協力金 大人：800円、持ち込みテントサイト：4,000円　[サイト] 持ち込みテントサイト：35張　[駐] あり　[予] 電話

※チェックインが18時以降になる場合は、必ず連絡。時間によっては利用ができない場合有り。

WC 🚿 🏪 🏠 🍲 🗑 🎣

中国地方
山口県

Instagrammer's Comment
@toruhosakaさん

心癒されるのが一番の魅力。「おっイイねぇ〜」と、思う瞬間を逃さないように切り撮ります。キャンプ場は夕陽や星空が綺麗で、雄大な景色を望められる絶景スポットです。水浴びや釣りができ、食う寝る遊ぶを楽しめます。

青海島

海・サンセット

中国地方　山口県

息をのむほど美しい夕日と波音に癒される

Base Camp | **青海島高山オートキャンプ場**
おおみじまたかやまおーときゃんぷじょう
中国自動車道・美祢ICから車で約45分

[住] 山口県長門市仙崎733-7　[電] 0837-26-4430　[営] 3月1日〜11月30日　[休] なし　[IN,OUT] 13時〜15時,〜12時　[料] 4,070円　[サイト] 30区画　[駐] 15台　[予] 電話、ウェブ

(洋) (和)
WC

Instagrammer's Comment
@a__camp_さん

海と山と夕陽が一望できるキャンプ場です。静かな場所で自然を楽しめるキャンプ地を選んでいます。

中国地方 山口県

神秘の造形美で魅了する
日本屈指の大鍾乳洞

キャンプ地から車で約6分

秋芳洞
山・紅葉

ありきたりですが、「非日常」が絶景の魅力だと思います。大自然の中にポツンと自分がいる感じや、自然の音に囲まれている瞬間はかけがえのない時間だと思っています。彼女と2人でYouTubeに「旅行と写真」の動画を投稿しています。Instagramから覗きに来てもらえると嬉しいです！

Base Camp

秋吉台家族旅行村
あきよしだいかぞくりょこうむら

中国自動車道・美祢ICから車で20分

住 山口県美祢市秋芳町秋吉1237-553　電 0837-62-1110　営 通年
休 臨時休業の場合有り　IN/OUT 14時～／～10時　料 オートサイト：3,000
円～　一般サイト：500円～　サイト オートサイト：60区画、一般サイト：10
区画　駐 あり　予 電話、ウェブ

WC

101

急峻な地形に流れる美しい
川の水に紅葉の色が映える
場所です。いくつか見晴らし
の良い場所がありますので、
そういうところで撮影される
とより美しく撮れます。

四国地方

徳島県

キャンプ地から車で27分

殿川内渓谷
渓谷・紅葉

渓流を彩る鮮やかな
紅葉狩りスポット

いくみキャンプ場
いくみきゃんぷじょう
徳島自動車道経由・徳島ICから約1時間

住 徳島県上勝町大字生実字谷口12　電 なし　営 通年　休 不定休　IN.OUT
設定なし、チェックインから24時間　料 18歳以上：1,000円、貸切：
6,000円　サイト フリーサイト：3張　駐 5台　予 ウェブ
※ソロ・デュオ向けのため、大型テントは設置不可。1日3組限定。

太平洋 海・夕日

住 徳島県海部郡海陽町浅川字西福良43　電 0884-74-3111　営 通年　休 なし　IN.OUT 14時〜16時,8時〜11時　料 大人:830円、サイト使用料:1,030円〜　駐 約150台　予 電話、ウェブ

南国ムードを味わえる
徳島最南端のキャンプ場

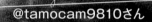
Instagrammer's Comment
@tamocam9810さん

小高い丘の上にあるキャンプ場で、太平洋が一望でき場内のパームツリーが南国情緒溢れる景観でした。ランタンの光が主張し始める、日没前の暗くなりかける時間帯の写真が好きです。

Base Camp
まぜのおかオートキャンプ場
まぜのおかおーときゃんぷじょう
徳島津田ICから車で約2時間

洋

四国地方
徳島県

Base Camp
いくみキャンプ場
いくみきゃんぷじょう
徳島自動車道経由・徳島ICから約1時間

住 徳島県上勝町大字生実字谷口12　電 なし　営 通年　休 不定休　IN.OUT 設定なし,チェックインから24時間　料 18歳以上:1,000円、貸切:6,000円　サイト フリーサイト:3張　駐 5台　予 ウェブ
※ソロ・デュオ向けのため、大型テントは設置不可。1日3組限定。

キャンプ地から車で24分

日本の風情あふれる
幻想的な田園風景

樫原の棚田 棚田

Instagrammer's Comment
@smile_power_energyさん

雨上がりの靄と青々とした樫原の棚田です。通りすがりに幻想的な風景に出会えました。

@unmahofufuさん

自然に囲まれたキャンプは、
非日常感に心が洗われます！
写真で意識していることは、
季節感と2人で楽しんでいる
様子を伝えることです。

Base Camp ||**宮崎の河原キャンプ場**
みやざきのかわらきゃんぷじょう
高知自動車道・伊野ICから車で約1時間

洋 和
WC

住 高知県吾川郡仁淀川町土居甲916-3 電 0889-
34-2114 営 通年 休 なし IN,OUT 設定なし
料 協力金：1人500円 予 不可
※急な川の増水に注意

キャンプ地から目の前

仁淀川 河原

**透明度抜群の川で
たっぷり遊べる！**

@tabicampさん

三島キャンプ場
みしまきゃんぷじょう
四万十町中央ICから国道56号線・国道381号線より車で約44分

🏠 高知県高岡郡四万十町昭和144-1 ☎ 080-4178-8753、080-
6283-1717 営 通年 休 なし IN/OUT 未定 料 未定 サイト オートキャン
プ：40〜45張 駐 40〜45台 予 不可
※2023年6月から改修工事のため休業中。リニューアルオープンは2024年3月を予定。

WC 🚿 🏪 🏠 📶 🍳 🗑 🌿 🐾
※情報はすべてリニューアルオープン後

四国地方
高知県

Instagrammer's Comment
@d__s_k_さん

四国旅の半分以上はソロだ
ったけどキャンプ場では色ん
な方と出会い話をした。1人
だけどひとりじゃない。そん
な感じ。ひとり旅めちゃめち
ゃええやん！ってなった笑

Instagrammer's Comment
@yuyathxさん

森の緑、トラス橋のグリーン、
四万十川のエメラルドグリー
ンが相まった絶景です。焚き
火の音を楽しみたいため、マ
イナーな人の少ないキャンプ
場が好みです。

キャンプ地から徒歩5分

四万十川で見つけた
居心地の良い秘境地

四万十川
河原・田園

住 高知県幡多郡大月町柏島1001-1 電 0880-76-0607 営 4月1日〜10月31日 休 不定休 IN/OUT 14時〜16時,〜13時 料 5,000円（6名まで）駐 41台 予 ウェブ

なんと言っても綺麗な海！ とくにキャンプは時間に追われて撮影が雑になりがちですが、一期一会の景色なのできちんと時間を取って撮るように心掛けています。星空は肉眼でもはっきりと天の川が分かる程綺麗でした！

Base Camp **竜ヶ浜キャンプ場**
りゅうがはまきゃんぷじょう
高知自動車道・宿毛和田ICから車で約3時間

洋 WC

※火器はバーベキューコンロのみ使用可能

四国地方 **高知県**

キャンプ地から車で約11分 **大堂展望台** 海・夜空

きれいな星空と海が満喫できる楽園

高知県の最西端、大月町の大堂山展望台では黒潮の荒波に削られた大地の彫刻のような景色が見られ、展望台へ向かう途中、角度によって観音様に見える観音岩も大好きな大地の作品です。

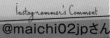

キャンプ地から車で約9分

銭形砂絵 海・砂絵

Instagrammer's Comment
@maichi02jpさん

上からの景色が圧巻！
巨大な金運スポット

四国地方

香川県

Base Camp

観音寺ファミリーキャンプ場
かんのんじふぁみりーきゃんぷじょう
高松自動車道・さぬき豊中ICから車で約23分

住 香川県観音寺市室本町1312-2　電 0875-23-3941　営 通年　休 12月28日～1月4日　IN.OUT 10時～21時、～10時　料 入場料 中
学生以上：300円、テント・タープ持ち込み料：一張700円　駐 約30台　予 窓口、ウェブ

洋 WC

キャンプ地から車で約20分

天空に架かる鳥居
瀬戸内海を一望できる

高屋神社
鳥居・夜景

Instagrammer's Comment
@kawazoekeitaさん

美しい景色はずっと見ていた
くなります。同じ場所でも時
間や季節によって見え方が変
わるので様々な状況で撮って
います。

※土・日・祝日はシャトルバスが運行しているため、自家用車で絶景地まで行くことは不可

高屋神社

鳥居・夜景

四国地方 香川県

五感が満たされる オーシャンビュー

瀬戸内海
海・夕日

Instagrammer's Comment
@y.e.r.campさん

瀬戸内海の穏やかな海が一望でき、行き交う船や島を見ながら波の音に癒され、のんびりとできる場所。早起きしての日の出を見るのもお勧めです。

四国地方　香川県

Base Camp ‖ 荘内半島オートキャンプ場浦島
しょうないはんとうおーときゃんぷじょううらしま
‖ 高松自動車道・三豊鳥坂ICから車で約40分

[住] 香川県三豊市詫間町積560　[電] 0875-82-6631　[営] 通年　[休] なし
[IN.OUT] 13時〜,〜12時　[料] 利用料 大人：500円、フリーサイト：1,500円、オートサイト：2,000円〜　[サイト] オートサイト：21区画、フリーサイト：5区画　[予] ウェブ

WC

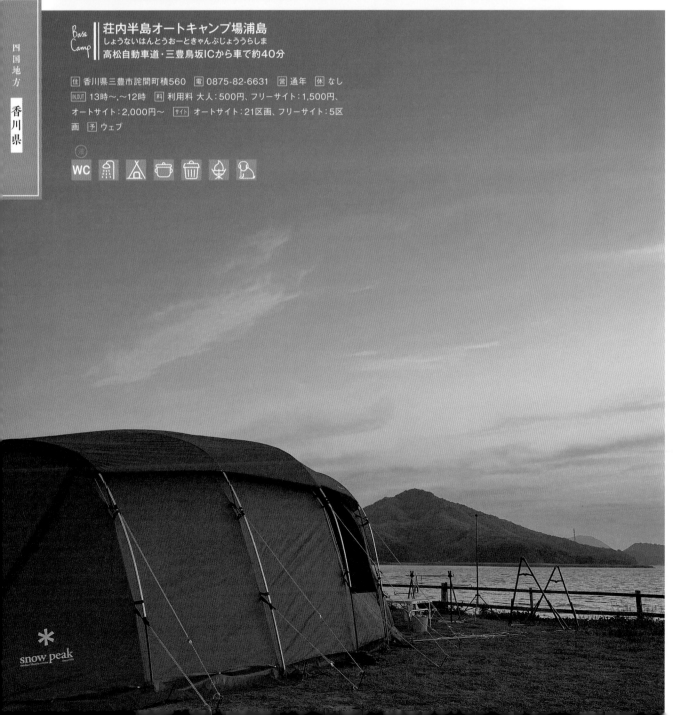

瀬戸内を象徴とする
最も美しい桜の名所

紫雲出山　山・桜

Instagrammer's Comment
@kamikojiさん

（徳島県三好市観光協会協
力カメラマン・四国カメラ部）
絶景とは、非日常を味わえる
瞬間・同じ場所でも、朝や
夜、天気の悪い日など様々な
情景を見ることです。

Base Camp ‖ **荘内半島オートキャンプ場浦島**
しょうないはんとうおーときゃんぷじょううらしま
高松自動車道・三豊鳥坂ICから車で約40分

住 香川県三豊市詫間町積560　電 0875-82-6631　営
通年　休 なし　IN/OUT 13時～・～12時　利用料 大人：500
円、フリーサイト：1,500円・オートサイト：2,000円～
オートサイト：21区画、フリーサイト：5区画　予約 ウェブ

WC

四国カルスト　高原・天空

大自然の脅威と雄大なパノラマ絶景を体感

見るもの全てが美しい場所でした。キャンプをする時は、毎回なにか違うことをひとつやってみるようにしています。

四国地方　愛媛県

Base Camp

姫鶴平キャンプ場
めづるだいらきゃんぷじょう
松山ICから車で約1時間40分

住 愛媛県上浮穴郡久万高原町西谷8117　電 0892-55-0057　営 通年　休 なし　IN.OUT 設定なし　料 テント1張：500円、車中泊：500円
予 不可
※風が強いため注意。車の乗り入れは不可。

WC

※冬期はトイレ・炊事場の使用が不可。

夏場でも涼しく、濃い霧や強風も多い過酷なロケーションですが、霧が晴れると一転して、見渡す限りの草原に石灰岩が点在する四国カルストの広大な地形が一望できます。条件が良ければ、眼下に一面の雲海を望むサイト。

来島海峡展望館　海道・サンセット

人工美と自然美が生んだ壮麗な景色

四国地方
愛媛県

Base Camp
ドルフィンファーム オートキャンプ場
どるふぃんふぁーむ おーときゃんぷじょう
西瀬戸自動車道・伯方島 ICから車で約3分

WC
※9：00～17：00まで管理人常駐

Instagrammer's Comment
@mutsukoina_aさん

日常を忘れてリフレッシュできるところが最大の魅力。風景写真を撮影するときは、自分が好きな色味に近付くように探りながらシャッターを切っています。

イルカに会える！
ゆったり優雅な島時間

Instagrammer's Comment
@pottyama_campさん

絶景を前にすると、心の底から感動できること。また、キャンプをして見られたという達成感もあります。景色を取り入れたキャンプ写真は、時間帯、光の向き、色が出るように露出をアンダー気味にひたすら撮っています。

住 愛媛県今治市伯方町1673 電 0897-72-8130 営 通年 休 悪天候時 IN/OUT 12時30分〜，〜11時 料 フリーサイト：5,500円、区画サイト：8,000円 サイト フリーサイト：16区画、区画サイト：4区画（電源付き） 駐 20台 予 電話、ウェブ

キャンプ地から目の前

滑床渓谷

森林・紅葉

豊かな四季を映し出す
四国が誇る大渓谷

Instagrammer's Comment

@mossari20さん

とても大きな渓谷で、どの季
節に行っても美しい四国が誇
る絶景です。渓谷を流れる水
と、色づく木々がバランスよく
収まるように構図を意識しま
した！

森林浴でリフレッシュ
優しい木漏れ日に包まれ

@tatsuyadec28さん

木々に囲まれたキャンプ場。差し込む朝日でできる木漏れ日のコントラスト、鳥の鳴き声や清流のせせらぎに癒されます。自然の風景に癒される時間が何よりも好きです。

住 愛媛県北宇和郡松野町目黒滑床
電 0895-49-1535　営 通年
休 なし　IN/OUT 設定なし　料 大人：300円　駐 150台　予 電話

四国地方　愛媛県

Base Camp
滑床渓谷キャンプ場
なめとこけいこくきゃんぷじょう
松山自動車道・三間ICから約40分

WC

博多湾から糸島の街まで瑠璃光寺境内から一望

Base Camp 火山オートキャンプフィールド
ひやまおーときゃんぷふぃーるど
西九州自動車道・前原ICから車で約15分

WC 🛜 🍳 🔥 ♨

※日々、サービス内容を変更追加していきますので下記よりご確認ください。
https://www.camp-field.com/
https://www.instagram.com/hiyama.auto.camp.field/

🏠 福岡県糸島市志摩稲留1053 真言宗大覚寺派不知火山 瑠璃光寺 境内
☎ なし　営 通年　休 なし　IN.OUT 11時30分～、～11時　料 オートサイト：
1区画3,000円～、フリーサイト：1,000円～　サイト オートサイト：5区画、フ
リーサイト：約3張　駐 10台　予 LINE (https://lin.ee/16crJk)

※上記のLINEにご登録頂きお問合せ、お申込をお願い致します。

Instagrammer's Comment
@weekday__campさん

ゆっくり景色を見る事など普段はないので非日常にいるという幸せ。写真は高額なカメラを使っているわけではないので画角にはこだわります。

眼下には筑後平野屏風のように切り立つ耳納連山

Base Camp 久留米ふれあい農業公園
くるめふれあいのうぎょうこうえん
九州自動車道・久留米 ICから車で約20分

🏠 福岡県久留米市草野町33　☎ 0942-47-6065　営 通年　休 月曜
（月曜日が休館日の場合火曜日か休み）※年末年始は12/29～1/3が休
館日）　IN.OUT 9時～、～16時　料 一般サイト：1区画（10m×19m）広場使
用料310円＋テント占用料（20円/1㎡）で計算　サイト 一般サイト：12区
画　駐 160台　予 電話・窓口（現在予約システム構築中）

※16時までにはテントを設営。10月より利用時間・料金共に見直しの可能性あり。

洋 和
WC 🚿 🛜 🔥 ♨

※BBQをする場合は芝が痛まない様に防火シート使用。

Instagrammer's Comment
@hideto666さん

写真は好きなキャンプギアと、その場の景色がバランスよく入るように心掛けてます。キャンプについては、なるべくリーズナブルで、作られ過ぎてなく、程よく自然が満喫できるキャンプ場が好きです。一番の楽しみは飲みながらの焚き火です！

御船山楽園
庭園・花

ツツジと紅葉の名所
庭園全体が国の登録記念物

九州・沖縄地方
佐賀県

Instagrapher's Comment
@kohastagram.643さん

山の谷間を埋め尽くすツツジ
の光景を表現したくてこの構
図で撮影しました。遠方に行
く事が多いので、どこでも撮れ
るようなキリトリよりもその場
の雰囲気が伝わる全体の写真
を撮るようにしています。

Base
Camp
KITAGATA.BASE Camp Field
きたかたべーすきゃんふふぃーるど
長崎道・武雄北方ICから車で約5分

住 佐賀県武雄市北方町大崎4861-2　電 0954-28-9827　営 通年
休 なし※臨時休業の際はWebサイトにて案内　IN/OUT 13時〜17時、〜10時
料 オートサイト:1区画 6,600円〜　サイト オートサイト:9区画　駐 各サ
イト1台　予 ウェブ

WC

※焚き火台使用の際は防炎シート併用。

Base Camp

武雄市眉山キャンプ場
たけおしまゆやまきゃんぷじょう
武雄北方ICから車で約30分

住 佐賀県武雄市若木町18625-2 電 0954-27-7501（公園課） 営 7月10日〜 休 火・水・木曜（※祝日及びその前日を除く）、12/29〜1/3、2月 IN/OUT 15時〜,〜10時 料 一般サイト：1区画1,100円 サイト 一般サイト：5区画 駐 約10台 予 ウェブ

※キャンプ場までの道路に一部狭い区間があります。気を付けてお越しください。

WC

※開場日13：00〜18：00まで管理人常駐。生水の飲用はお避け下さい。

九州・沖縄地方 佐賀県

キャンプ地から目の前

眉山 山・丘陵地

東西になだらかな丘陵地 どの方向から眺めても眉の形

Instagrammer's Comment
@wakaki_baseさん

できるだけ広角レンズを使い、テントと空。そしてその土地の地形が分かるようにしてます。

波戸岬 岬・海

キャンプ地から目の前

目の前には玄界灘　夕日が沈む瞬間の美しさ

Base Camp｜波戸岬キャンプ場
はとみさきゃんぷじょう
佐賀大和ICから車で約120分

[住] 佐賀県唐津市鎮西町名護屋7324　[電] 0955-82-2820　[営] 通年
[休] 水曜日（ゴールデンウイーク、7～9月などの繁忙期は無休）　[IN.OUT] 12時～17時,～11時　[料] 一般サイト:1区画2,200円～、オートサイト:1区画4,400円～、フリーサイト:2,200円～　[サイト] 一般サイト:17区画、オートサイト:31区画、フリーサイト:約20張　[駐] 30台　[予] ウェブ

[洋][和] WC 🔥 🏪 📶 ⛺ 🍳 🗑 🌲

※9時から17時まで管理人常駐。

Instagrammer's Comment
@megabass_destroyerさん

写真を撮るときには、極力周りのサイトを写さないように心がけてます。

佐賀県
九州・沖縄地方　長崎県

大村湾 海

キャンプ地から目の前

穏やかな波が打ち寄せる様から「琴の湖」

Instagrammer's Comment
@wakaki_baseさん

絶景の魅力は、日常では感じ取れない空気感や香りが体感できること。

Base Camp｜西海橋オートキャンプ場
さいかいばしおーときゃんぷじょう
西海パールライン・針尾ICから車で5分

[住] 長崎県佐世保市針尾東町2374-2　[電] 0956-37-8684　[営] 通年
[休] なし　[IN.OUT] 12時～,～11時　[料] 入場料 大人:300円、オートサイト（区画なし）:2,000円～、オートサイト（区画あり）:2,500円～　※その他別途使用料あり　[予] 電話

[和] WC 🔥 🏠 🍳 📦 🌲 👥

大パノラマが見渡せる 輝く九十九島の海

キャンプ地から車で約9分

展海峰 海・島

西海国立公園 白浜キャンプ場

Base Camp

さいかいこくりつこうえんしらはまきゃんぷじょう

西九州自動車道・佐世保中央ICから車で約25分

住 長崎県佐世保市俵ヶ浦町3248　電 0956-28-6006　営 4月10日〜10月31日　休 なし　IN/OUT 13時〜／〜11時　料 入場料 大人(中学生以上):210円、一般サイト(常設テント):1区画4,300円〜、オートサイト:1区画4,190円、フリーサイト:1,150円　テント 一般サイト:25区画(常設)、オートサイト:25区画、フリーサイト:約12張　車 250台　圏 電話

WC

九州・沖縄地方
熊本県

キャンプ地から目の前

根子岳

山・花

阿蘇五岳の一つを借景としたプライベート空間

Instagrammer's Comment

@takanashi.1234さん

季節により変わっていく景色と、その場に立った時の達成感が魅力的です。写真については、事前に地形や天候、星や日の出方をリサーチして構図をある程度決めて撮れるまで粘ります。

隠

熊本県阿蘇郡

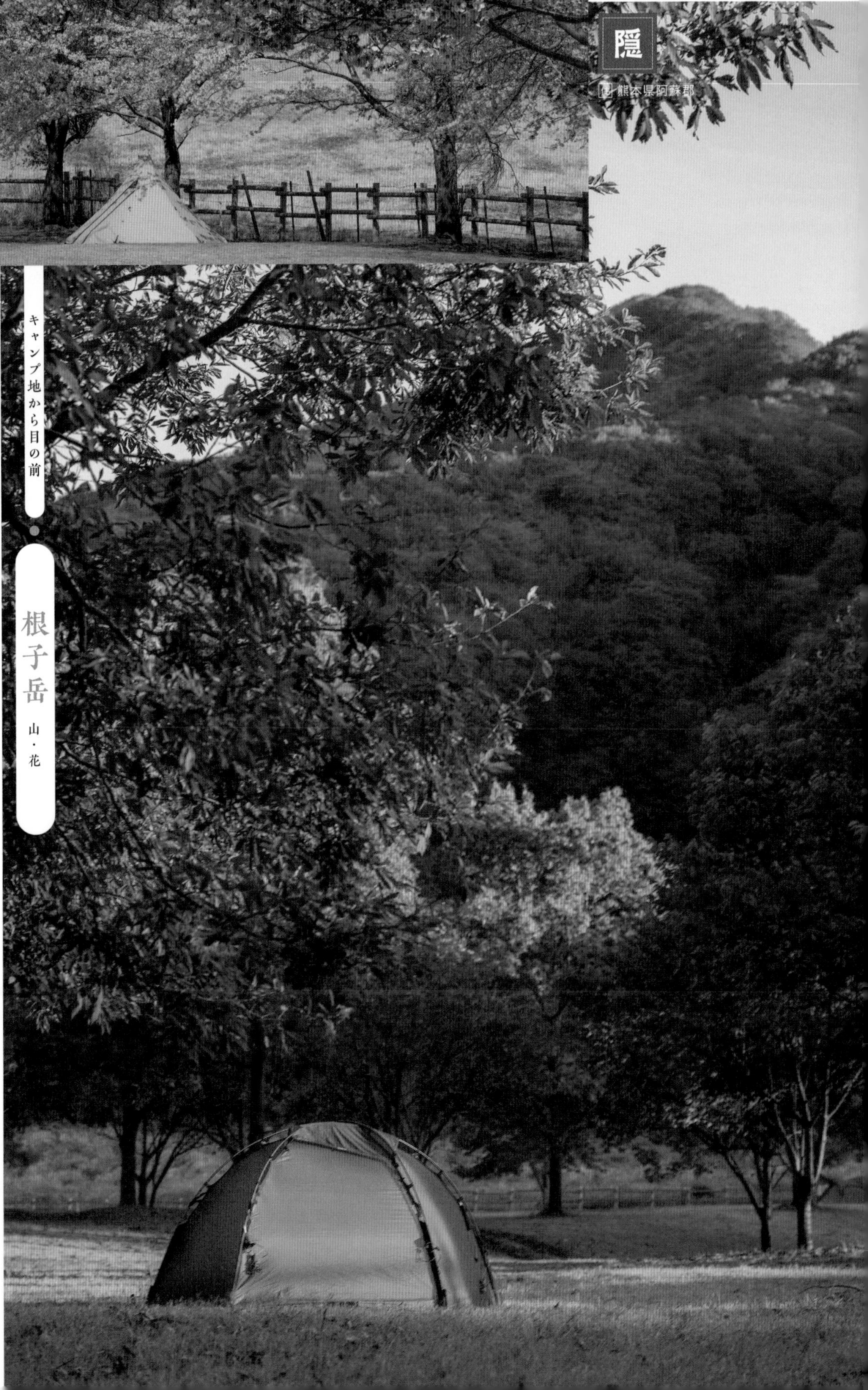

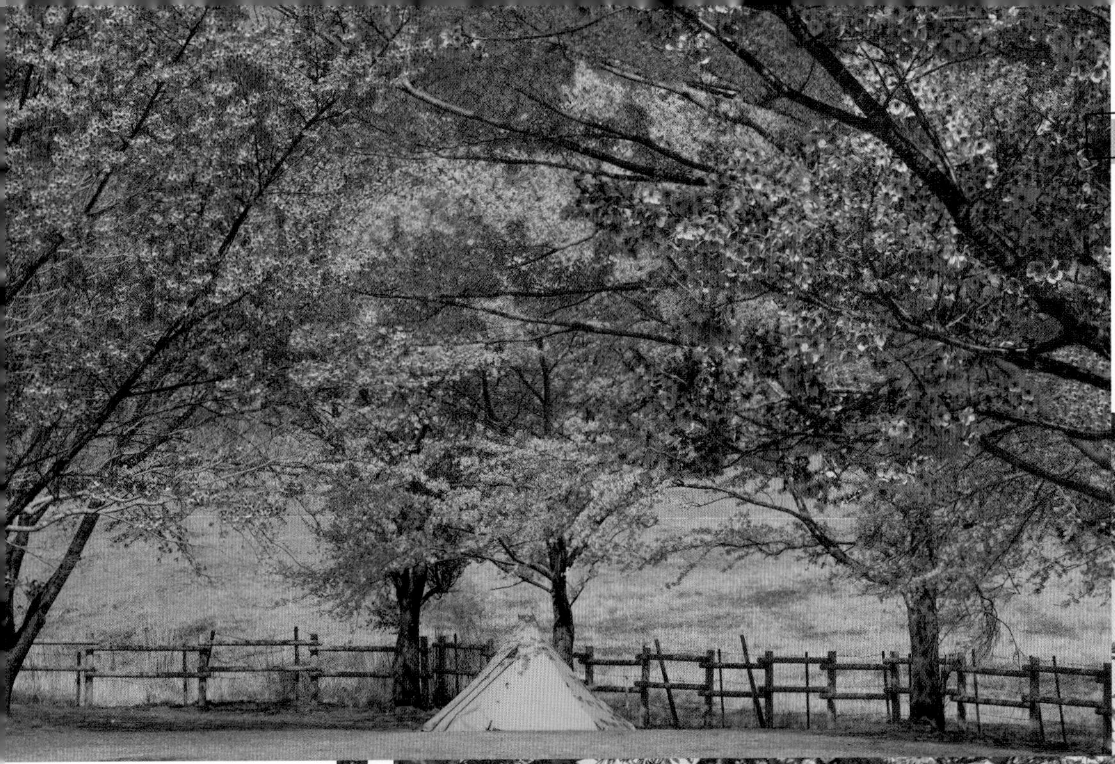

地鳴り鳴動とともに激しく噴煙を噴き上げる火の国熊本の誇り

阿蘇山 山

九州・沖縄地方 **熊本県**

Base Camp

阿蘇市坊中野営場
あそしぼうちゅうやえいじょう
九州自動車道・九州道熊本ICから車で約60分

住 熊本県阿蘇市黒川1442-2　電 0967-34-0351　営 4月～11月末
休 なし（予約が入っていない日は休業）　IN/OUT 9時～、設定なし　管理
費：500円、テント・タープ持込：1張500円、大型テント持込：1張1,000
円、キャンピングカー持込：1,000円　区 約70台　予 ウェブ、電話

WC 👤 🍳 🔥 👥

※ペットのマーキング禁止。焚き火台の高さが足りない場合は第1種煉瓦使用。

Instagrammer's Comment
@outdoor_project2022さん

阿蘇山坊中登山道の3号目に位置するキャンプ場で、起き抜けに見上げる阿蘇山は壮観です。写真については、撮りたいと思った構図があれば、Uターンしてでも、時間を惜しまず、納得するまで撮ります。

くじゅう連山 山・星空

九州本土最高峰でもある中岳
くじゅう連山、雲海を一望

Base Camp | **ゴンドーシャロレーオートキャンプ場**
ごんどーしゃろれーおーときゃんぷじょう
九州大分道・日田ICから車で約1時間15分

[住] 熊本県阿蘇郡南小国町大谷山6338　[電] 0967-44-0316　[営] 通年
[休] 不定休（※HPカレンダーをご確認ください。）　[IN/OUT] 13時～・～11時
[料] 大人・1,800円　[サイト] 区画サイト：70区画、フリーサイト：約30張　[駐]
25台　※車は全て横付け可　[予] 電話

WC 🏪 👤 ⛺ 🗑 🏹 👤
※全ての区画サイトに流し台設置

九州・沖縄地方

熊本県

Instagrammer's Comment

@megabass_destroyerさん

絶景の魅力は日常の嫌なこと
を忘れることができる点。星
を見たい時は山、夕日を見た
い時は海に行きます。

金鱗湖　湖・鳥居

由布院を代表する場所
湖に清水と温泉が
流れ込んでいると言われる

Instagrammer's Comment

@yuuuya0527さん

水面に映る景色が神秘的
で、空と湖との二分割構図で
撮影しています。

Base Camp **湯布院温泉ベースキャンプ場**
ゆふいんおんせんべーすきゃんぷじょう
大分自動車道・湯布院ICから車で約5分

WC 洋 温泉

九州・沖縄地方

大分県

住 大分県由布市湯布院町川北2120-1　電 0977-84-2828　営 通年　休 月曜日〜木曜日　IN.OUT 13時〜17時,〜12時　料 入場料 大人（中学生以上）：550円、Sサイト：1区画
3,850円、Mサイト：1区画4,400円、Lサイト：1区画5,500円、LLサイト：1区画6,600円　サイト Sサイト：11区画、Mサイト：11区画、Lサイト：16区画、LLサイト：3区画　予 ウェブ

Instagrammer's Comment

@tubejp1999さん

季節やスケール感が伝わるように
撮影しています。今回の写真は、
他では見られない壮大なひまわり
畑と奥に広がる海を意識すること
で、スケール感を表現しました。

浦島太郎が竜宮へ旅立ったと
言い伝え通りの幻想空間

長崎鼻　花・海

Base Camp **長崎鼻ビーチリゾート**
ながさきはなびーちりぞーと
大分市方面 豊後高田市 昭和の街から30分

住 大分県豊後高田市見目4080-1　電 070-4166-9230　営 通年　休
火曜（※GW・8月・年末年始は営業）　IN.OUT 15時〜〜10時　サイト オートサイ
ト：1区画 6,050円〜、フリーサイト：4,400円〜　サイト オートサイト：2
区画、フリーサイト：約8張　駐 150台　予 ウェブ 電話

WC 洋

※20:00〜09:00は受付が無人。

自然が織り成すパノラマ
日本三大奇勝

耶馬渓 渓谷・花

視線を低くすることでネモフィラが手前から奥に広がる感じを出しました。そして青い空、青い花、青っぽい岩肌の中に白い雲をアクセントとして加えました。

九州・沖縄地方

大分県

Base Camp
バルンバルンの森
ばるんばるんのもり
中津ICから車で約15分

WC

※ペット同伴は2匹まで

住 大分県中津市本耶馬渓町曽木459-9　電 0979-52-3020　営 通年　休 火・水曜（一部木曜日）　IN.OUT 13時〜17時、〜10時30分　料 一般サイト：大人（高校生以上）800円、ツリーハウスサイト：5,500円〜、フリーサイト（電源付き）：4,500円〜、フリーサイト：3,500円〜、ソロテント（車）：3,000円、ソロテント（バイク・自転車）：1,700円　サイト ツリーハウスサイト（電源有）：2区画、電源付き区画：4区画、フリーサイト：12張、ソロサイト：5張　駐 30台　予 ウェブ、電話
※2グループ（2部屋、区画以上）での宿泊（ソロ・デイキャンプ利用を除く）のご予約をお断りしております。

くじゅう連山・大船山 山・星空

広大でふかふかの芝地の坊ガツルキャンプ場。歩いてすぐには法華院温泉があり、しっかりと疲れをとることができるところが良いです。

中岳、三俣山、大船山
1700m越えの山々を仰ぎみる

しっかりとした登山の経験、技術や体力を身につけた方が対象。

Base Camp
坊ガツルキャンプ場
ぼうがつるきゃんぷじょう
長者原登山口から徒歩で約2時間

住 大分県竹田市久住町大字有氏　電 0974-76-1117（竹田市久住支所）
営 通年　休 なし　IN.OUT 設定なし　料 無料　サイト 約200張　予 不可

和
WC

※トイレは汲み取り式

三田井越前守親武公の城跡とされ
高千穂町内を一望

Base Camp
仲山城跡キャンプ場
なかやまじょうあときゃんぷじょう
九州中央自動車道・嘉島JCTから車で1時間20分

洋
WC 🚿 🏠 📶 🍚 🍴 🚻

住 宮崎県西臼杵郡高千穂町向山440-1　電 090-3070-2274　営 通年　休 不定休　IN,OUT 3時〜17時、〜10時　料 フリーサイト:1,800円〜　サイト フリーサイト:約15張　駐 約30台　予 電話

Instagrammer's Comment
@g.camping_da_hoiさん

まず行きたいキャンプ地(絶景キャンプスポット)を決め、それからその場所に合うテントやキャンプ道具をチョイスしています。写真を撮ったりのんびり自然を感じたいので、なるべく設営撤収が簡単に済むようなキャンプ道具を選ぶようにしています。

Base Camp
生駒高原観光レクリエーションセンター
いこまこうげんかんこうくりえーしょんせんたー
県道1号・小林ICから車で約10分

住 宮崎県小林市南西方8565-41　電 0984-27-0909　営 通年　休 なし　IN,OUT 14時〜17時、〜10時　料 1区画1名3,000円、2名以上3,500円　サイト オートサイト:20区画　駐 50台　予 電話

山々を眺望できる牧草地

Instagrammer's Comment
@nana_to_campingさん

空、山、樹木をテントと映えるように撮影しています。広角レンズで広く撮影してます。

洋
WC 🧺 🏠 👤 🍚 🗑 🍴 🚻

※火器を扱う際には防炎シートの利用必須。炊事場はシンクのみ。

キャンプ地から徒歩10分＋トレッキング50分

韓国岳　山

霧島火山の最高峰
隣国韓国まで見渡せるほど高い山

Instagrammer's Comment
@yasuhirobamimiさん

霧島はどの場所からも絶景で、ワクワクが止まりません。白鳥山は登山初心者や登山をしたことがない方でも登れる山ですが、山頂だけではなく、登山道からは常に絶景を望めるので、気持ちよく歩くことが出来ます。写真はセルフポートレートですが、自らを写真に入れることで、絶景を楽しんでいる雰囲気を切り取れればとの思いで撮影しました。

Base Camp

えびの高原キャンプ村
えびのこうげんきゃんぷむら
九州自動車道えびのICから約35分

WC

※ペット同伴は事前に利用規約の確認が必要

住 宮崎県えびの市末永1470　電 0984-33-0800　営 4/1～10/31、12/20～1/10　休 営業期間中は無休　IN.OUT 14時～、～10時　料 入村料：310円、敷地料 1人用：840円、2人以上用：1,150円、タープ類：520円　サイト フリーサイト：最大100張　駐 40台　予 電話、LINE（公式アカウント＠765lgycz）

※休業期間中の営業については、直接施設にお問合せ下さい。

世界的な成層活火山 鹿児島のシンボル

桜島 山

Instagrammer's Comment
@caddis98さん

絶景の魅力は、大自然の壮大さや、歴史を感じることができ、美しい景色を眺めることでリフレッシュ出来るところ。写真は構図と水平を保つことが大事！

Base Camp **国分キャンプ海水浴場**
こくぶきゃんぷかいすいよくじょう
東九州自動車道・国分ICから車で約1分

住 鹿児島県霧島市国分下井2512　電 0995-45-1550（管理事務所）
営 通年　休 月曜（祝日の場合は翌日。※7〜8月は営業）、年末年始（12月29日〜1月3日）　IN.OUT 17時〜、〜9時　料 フリーサイト：1,610円（※一泊の場合のテント持ち込み料。1人用は810円）　サイト フリーサイト：50区画　駐 150台　予 使用許可申請書提出

サンゴ礁が隆起し世界一 高さ51mの断崖絶壁の岬

田皆岬 岬・海

Instagrammer's Comment
@krrr1nさん

写真について、見たままの色に近づくようにピントと光を調整する。青が綺麗に映るようにする。

隠

Base Camp **大山野営場バンガロー**
おおやまやえいじょうばんがろー
和泊港から車で約30分

住 鹿児島県大島郡知名町芦清良1515-2
※設備が最小限の小規模な野営場です

128

薩摩半島と大隅半島に挟まれた湾

日本百景の一つであり

九州・沖縄地方 鹿児島県

Base Camp

ユクサおおすみ海の学校
ゆくさおおすみうみのがっこう
国道68号・笠之原ICから車で約25分

[住] 鹿児島県鹿屋市天神町3629-1 [電] 0994-31-8193 [営] 通年 [休] 水曜（※GW、年末年始、11月〜2月：火・水曜休館日、7〜9月は休館日無し） [IN.OUT] 10時〜、〜10時 [料] 入場料：大人1名1,200円、オーシャンビューサイト：1区画1,500円〜、オートサイト：1区画3,500円〜、フリーサイト：1区画0円〜、ソロ・ライダーサイト：1区画500円〜 [サイト] オーシャンビューサイト：8区画、オートサイト：1区画、フリーサイト：5組（5〜10張） [駐] 35台、大型バス用：3台 [予] ウェブ

WC

※ツリーハウス夜間ライトアップ17：00〜21：30。日中は管理人あり。炊事場はシンクのみ。ペット同伴は1区画2匹まで

Instagrammer's Comment
@aochin.0313さん

キャンプのマジックアワーが最高ですね！ 写真についてもiPhoneでの撮影ですが、日が沈むタイミングを逃さないようにしています。

鹿児島湾360度の大パノラマ
巨大風車の元で眠る

巨大風車 風車

Instagrammer's Comment
@same_yuuuさん

私の旅はほぼ自転車。きつい坂道を登ってたどり着いた場所は、そのキツさを入れて尚更絶景に感じます。写真については、自分が好きな場面画角を撮ります。その後気にいる写真があったらみんなに見てもらいます。

九州・沖縄地方 鹿児島県

Base Camp

輝北うわば公園キャンプ場
きほくうわばこうえんきゃんぷじょう
東九州自動車道・曽於弥五郎ICから約30分

住 鹿児島県鹿屋市輝北町市成1660-3　電 099-485-1900　営 通年
休 月・火曜日（祝祭日を除く）　IN/OUT 14時〜、〜10時　料 パノラマテントサイト：1区画3,120円、他　予 パノラマテントサイトは電話予約

WC 🚿 🏪 🏠 📶 ☕ 🌲

星の砂を見つけることができるビーチ

キャンプ地からすぐそば

星砂の浜　海・ビーチ

この星の表情を出来る限り隅々まで見たいですね。見た人がまるでそこにいる気分になれるように周りの風景を多めに入れ、スケール感を意識して撮影します！

Base Camp 星の砂キャンプ場
ほしのすなきゃんぷじょう
西表島・上原港から車で約10分

[住] 沖縄県八重山郡竹富町字上原289-1　[電] 0980-85-6448　[営] 3月〜11月頃（冬期休業あり）　[休] 不定休　[IN.OUT] 8時〜,〜12時　[料] フリーサイト：1人500円　[駐] 4台　[予] 電話

[和] WC 🚿 🏪 🗑 ⛺

眼前に広がる海、干潮時には縁結びの道が現れる

キャンプ地から目の前

屋我地ビーチ　海・島

コバルトブルーの海と波の音が心地よいキャンプ場です。夜は空一面の星に癒されます。写真については、見ていただいた方に、その場所の雰囲気が伝わればいいなぁ〜っと思いながら撮ってます。

Base Camp 屋我地ビーチ
やがじびーち
沖縄自動車道・許田ICから車で約20分

[住] 沖縄県名護市字屋我143　[電] 0980-52-8123　[営] 通年　[休] 不定休　[IN.OUT] 11時〜17時,〜11時　[料] フリーサイト：2,000円〜　[サイト] フリーサイ　[テ] 約50張　[駐] 50台以上（オートキャンプ場の為、車は横付け可）　[予] ウェブ

[洋][和] WC 🚿 🏪 👤 🏠 ⛺ 🔥

※ペット同伴の際は狂犬病、混合ワクチン接種証明の提示必須

石垣島北東部にあるビーチ
白砂は少し赤く
朝焼けでさらに赤みが増す

絶景の魅力は、朝焼け。星空から日の出までの間で、数秒単位で魅せる表情の変化がたまらない、自然のパワーを感じます。写真についてはできるだけ広角レンズを使い、テントと空、そしてその土地の地形が分かるようにしています。

隠

 Base Camp 伊野田オートキャンプ場
いのだおーときゃんぷじょう
新石垣空港から車で約20分
住 沖縄県石垣市

北海道

006
恵山
恵山海浜公園キャンプ場
@hidekitti

007
十勝岳連峰
フラワーランドかみふらの
@hidekitti

008
洞爺湖
仲洞爺キャンプ場
@hachiyon_camp

009
北見市街の夜景
サウスヒルズ
@keitans_camp
会社名:Possibility.Labo
Blog:「Possibility.Labo」
https://possi-labo.com
YouTube:「Keitan's Camp」
Instagram:@possi.labo

010-011
神威岬
道営野塚野営場
@kentoat

012
ファーム富田
星に手のとどく丘キャンプ場
@c_hiave_48y
Twitter @KnienyJa_or

013
星に手のとどく丘キャンプ場
@bluecolor0411

014
白金青い池
国設白金野営場
@yuri_waaai

東北地方

015
岩木山
公益財団法人 青森県スポーツ協会 岩木青少年スポーツセンター
@omi.jeep
@lumberjack.fw.mfg.co
「良質な薪の販売、薪ストーブの販売・施工、林業について発信しています。」

015
十和田湖
十和田市営宇樽部キャンプ場
@sasabito

016
小川原湖
小川原湖畔キャンプ場
@tatsuyaaz

017
岩手山
絶景パノラマ 大キャンプ場
@chuck_camp
「東北、岩手県を中心にキャンプ場から見える風景を投稿しています。」

018-019
石蔵山
@cota_base_43

020
岩手山
岩手山焼走り国際交流村
@cota_base_43

021
吹上高原
吹上高原キャンプ場
@mitsu_roga
「職業は美容師です。」

022
唐桑半島・巨釜
宮城県御崎野営場
@hiroki___z

023
泉ヶ岳・仙台市街
IZUMI PEAK BASE®(泉ピークベース)
@kuro_tengu

024
鳥海山・竜ヶ原湿原
祓川キャンプ場
@samasa_photography

025
法体の滝
法体園地キャンプ場
@garageasahi

025
十和田湖
滝ノ沢野営場
@y_a.camping

026
湯野浜海水浴場
庄内夕日の丘オートキャンプ場
@ape.22

@hatake_s

027
徳良湖
サンビレッジ徳良湖オートキャンプ場
@taka96camp

028-029
桧原湖
裏磐梯桧原湖畔 松原キャンプ場
@seeking_the_pearl
「私が管理するキャンプ場のInstagramアカウントです。」:@akiu.woodysportspark

030
磐梯山
RV RESORT猪苗代湖モビレージ
@s.kakuta
キャンプインスタ:@kaku_camp
YouTube:「Kaku Camp」

@d.s.c.o.t

031
猪苗代湖
天神浜オートキャンプ場
@cota_base_43

関東地方

032
筑波山・関東平野
筑波高原キャンプ場
@zuomukoziro6376

@ao_a6e.tko

033
国営ひたち海浜公園
田の上キャンプ場
@kodai_shin

034
花貫渓谷
小滝沢キャンプ場
@muneki_photo

035
那須高原展望台
ぽんぽこの森ファミリーキャンプ場
@ducks.photo

036
中禅寺湖
@jungdo_photo

037
菅沼
菅沼キャンプ村
@kaku_camp

038
谷川岳
谷川岳山麓オートキャンプ場
@tabisuru24

038
赤城山
県立赤城公園キャンプ場
@d.sk_andy
「年間60泊以上、ほぼ毎週キャンプしているブラックスタイルのソロキャンパーです。」
キャンプのリアルタイムTwitter:
@d_sk_andy

039
四万川ダム・奥四万湖
IRIE CAMP BASE
@ko9ms46_olympus
@ohbayashi_noboru
note:note.com/re_kanota

040
高崎市の夜景
創造の森キャンプ場
@t_style_camp

041
岩畳
長瀞オートキャンプ場
@sh_n223

041
三十槌の氷柱
つちうちキャンプ場
@yahikonosekai

042
美の山公園
リバーパーク上長瀞オートキャンプ場
@natsuinsta

043
鋸山
SUNVILLAGE KANAYA CAMP
@shiho_natural

043
濃溝の滝（亀岩の洞窟）
清和県民の森キャンプ場
@shiho_natural

044
奥多摩湖・大麦代展望台
山のふるさと村
@tama_tama_photo
「東京都の多摩地域で撮影した写真を載せています。」

044
東京湾
城南島海浜公園キャンプ場
@shiyuubee4

045
芦ノ湖
Fun Space 芦ノ湖キャンプ村 レイクサイドヴィラ
@kotanin1020

045
相模湖
みの石滝キャンプ場
&相模湖カヌースクール
@gaya_tabi
youtube:「Gaya Tabi -がやたび-」

046-047
塔ノ岳
大倉高原テントサイト
@tetsu.ick_mtnluvr

中部地方

048
清津峡
舞子高原オートキャンプ場
@_saecam_
「0歳3歳連れのファミリーキャンパー。穴場や絶景キャンプ旅が好きでほぼ毎週キャンプや旅行をしています! キャンプに便利なグッズやギアも紹介しています。」

049
美人林
越後妻有 大厳寺高原 キャンプ場
@anakichi0325

050
星峠の棚田
星峠宿 TreeCamp
@anakichi0325

051
雨晴海岸
雨晴キャンプ場
@marskpho_26

052
黒部峡谷
朝日ヒスイ海岸オートキャンプ場
@a.k.i__camera

053
立山連峰
雷鳥沢キャンプ場
@f60mini

054
白米千枚田
袖ケ浜キャンプ場
@yone_75

055
九十九湾
九十九湾園地野営場
@yamamura_katu

@junwatajun

055
鶴仙渓
イトノモリ Camping Field
@tarchan1157

056
九頭竜湖
九頭竜レイクサイドモビレージ
@ngn_fufu

@hofu_hofu

057
雄島
キャンピングスペース 星空
@naokijp
「日本各地の神社仏閣や旅先での思い出の景色などを投稿しています。」

057
本栖湖
浩庵キャンプ場
@_saecam_

058
本栖湖
浩庵キャンプ場
@y_k_camera

059
北岳
北岳山荘テント場
@yukinofuji

060
千畳敷カール
駒ヶ岳頂上山荘前幕営地
@y_k_camera

061
涸沢カール
国設涸沢野営場
@yukinofuji

@kamixx_hyke

062
駒出池
駒出池キャンプ場
@_saecam_

063
付知峡
本谷オートキャンプ場
@lovehey

064
白川郷
さくら街道白川郷 ひらせ温泉キャンプサイト
@__cerisier__89

064
岐阜のマチュピチュ天空の茶畑
大津谷公園キャンプ場
@ima_ichiro

065
龍宮窟
ウェーブキャンプ場
@ami_nishiizu
「自然がいっぱい静岡県の伊豆半島南部『西伊豆町』ぜひ遊びに来てください!」

065
駿河湾
南伊豆キャンピングテラス
@fookooooooo

066-067
富士山
ふもとっぱら
@takashifujitani

068
香嵐渓
香嵐渓一の谷
@yu.sc.photo

069
四谷の千枚田
愛知県民の森
@anakichi0325

070
川売の梅花
学童農園山びこの丘
@snap2016

関西地方

071
丸山千枚田
千枚田オートキャンプ場
@hosocchi3131

072
いなべ市梅林公園
やまてらす -FUJIWARA OUTDOOR LIVING-
@nkn_370

125
耶馬渓
バルンバルンの森
@kanaton.3rd

125
くじゅう連山・大船山
坊ガツルキャンプ場
@takanashi.1234

126
祖母山系
仲山城跡キャンプ場
@g.camping_da_hoi
「Instagramで四季折々の様々な九
州のキャンプ場での写真を載せてい
ますので是非見てみて下さい。」

126
生駒高原
生駒高原観光レクリエーションセンター
@nana_to_camping
Blog：「nana to camping」
http://blog.livedoor.jp/nana778c
amping/

127
韓国岳
えびの高原キャンプ村
@yasuhirobamimi

128
桜島
国分キャンプ海水浴場
@caddis98

128
田皆岬
大山野営場バンガロー
@krrr1n

129
鹿児島湾
ユクサおおすみ海の学校
@aochin.0313
「インスタメインの活動ですけど
リール投稿に力入れてます！」

130
巨大風車
輝北うわば公園キャンプ場
@same_yuuu

131
星砂の浜
星の砂キャンプ場
@aicoworld
YouTube：「Wild Family
Camp」

131
屋我地ビーチ
屋我地ビーチ
@gamadasan

132-133
伊野田海岸
伊野田オートキャンプ場
@takayoshi.myzk

112-113
来島海峡展望館
ドルフィンファーム オートキャン
プ場
@mutsukoina_a

@pottyama_camp

114-115
滑床渓谷
滑床渓谷キャンプ場
@mossari20

@tatsuyadec28
「Instagramでお気に入りのキャ
ンプ風景やギアを発信していま
す。」

九州・沖縄地方

116
糸島の街
火山オートキャンプフィールド
@weekday__camp

116
耳納連山
久留米ふれあい農業公園
@hideto666
「フォロー、コメントなどお気軽
にどうぞ！」

117
御船山楽園
KITAGATA.BASE Camp Field
@kohastagram.643

118
眉山
武雄市眉山キャンプ場
@wakaki_base

119
波戸岬
波戸岬キャンプ場
@megabass_destroyer

119
大村湾
西海橋オートキャンプ場
@wakaki_base

120
展海峰
西海国立公園 白浜キャンプ場
@ohyamahiroki
「これからも絶景を撮っていきま
す！」

@wakaki_base

121
根子岳
@takanashi.1234

122
阿蘇山
阿蘇市坊中野営場
@outdoor_project2022

123
くじゅう連山
ゴンドーシャロレーオートキャンプ場
@megabass_destroyer

124
金鱗湖
湯布院温泉ベースキャンプ場
@yuuuya0527

124
長崎鼻
長崎鼻ビーチリゾート
@tubejp1999

101
秋芳洞
秋吉台家族旅行村
@mi_cam_33
「彼女と2人でYouTubeに『旅行
と写真』の動画を投稿していま
す。気になった方やFUJIFILMユ
ーザーの方はぜひ@mi_cam_33
のInstagramから覗きに来てもら
えると嬉しいです！」

四国地方

102
殿川内渓谷
いくみキャンプ場
@morino44
「徳島を中心に四国の魅力ある景
色を撮影しています。」

103
太平洋
まぜのおかオートキャンプ場
@tamocam9810

103
樫原の棚田
いくみキャンプ場
@smile_power_energy

104
仁淀川
宮崎の河原キャンプ場
@unmahofufu
YouTube：「うんまほふうふ」

@tabicamp

105
四万十川
三島キャンプ場
@d__s_k_

@yuyathx

106
大堂展望台
竜ヶ浜キャンプ場
@akkunchan.f

@hironorikishimoto
会社名：株式会社ディレクターズ

107
銭形砂絵
観音寺ファミリーキャンプ場
@maichi02jp

107-108
高屋神社
観音寺ファミリーキャンプ場
@kawazoekeita
@shikokucameraclub
「四国の魅力を発信している四国
カメラ部です。」

109
瀬戸内海
荘内半島オートキャンプ場浦島
@y.e.r.camp

110
紫雲出山
荘内半島オートキャンプ場浦島
@kamikoji
「徳島県三好市観光協会協力カメ
ラマン。四国カメラ部所属です。」

111
四国カルスト
姫鶴平キャンプ場
@cotton_camp

@sako.suke

中国地方

086
神庭の滝
クリエイト菅谷
@photoshinjii
「駆け出しですが、出張カメラマ
ンとして活動を始めました。」
ノコスフォト：@nocosu_photo

087
蒜山高原
休暇村蒜山高原キャンプ場
@v35skyline777

@neko8336

088
遥照山・藤波池
遥照山藤波池畔キャンプ場
@issei_is_alone
Twitter：@issei_is_alone
YouTube：「Mochi ™」

089
大山
休暇村奥大山鏡ヶ成キャンプ場
@mrz__21

089
大山・弓ヶ浜半島・日本海
ますみず天空キャンプ場
@a__camp_

090-091
雨滝・筥滝
岩美町立町民いこいの里
@tkb_tkhr

@otocin398

092-093
三瓶山（展望台）
三瓶山北の原キャンプ場
@teku_teku0831
YouTube：https://youtube.
com/@TEKUtEKU-Family

@yasu.ph
「主に島根県の自然の風景を撮影
しています。」

094
摩天崖
Oki Islands Camping Park
@yukipon_nakano
「ただの旅好きです。」

095
世羅雲海
シャンテパルク新山キャンプ場
@c_fujimoto
Blog：「親爺のデジフォト紀行」
muki2777.blog.fc2.com

096-097
花の駅せら雲海
絶景キャンプ場 花の駅せら
@55hassan

098
帝釈峡（雄橋）
庄原市森林体験交流施設 帝釈峡
まほろばの里
@hh.fura

099
角島大橋
角島大浜海水浴場
@toruhosaka

100
青海島
青海島高山オートキャンプ場
a__camp_

073
白鬚神社
SHIRAHIGE BEACH
@papisyu
「お寺の神社と季節のお花を絡め
た旬の写真を発信しています。」

074
琵琶湖
六ツ矢崎浜オートキャンプ場
@flola143

@campanman.camp

075
浜詰夕日ヶ浦海水浴場
浜詰・夕日ヶ浦キャンプ場
@orenji31508

076
和束の茶畑
TAKUMI CAMP FIELD
@papisyu

076
北山友禅菊
いこいの里 久多キャンプ場
@a.k.i__camera

077
滝畑四十八滝
@koharu_cmr2

078
花博記念公園鶴見緑地
鶴見緑地キャンプ場
@satomi24jp

078
淡輪遊園
豊国崎オートキャンプ場
@inonbiriya

079
丹波山地
日ヶ奥渓谷キャンプ場
@anakichi0325

080
若杉高原
若杉高原おおやキャンプ場
@kay___camp

081
みたらい渓谷
天川みのずみオートキャンプ場
@saori_m.m.y.y
「スピリチュアルヒーラーsaori
【高次元Healing】心体魂の癒
し・浄化。」

081
葛城高原
葛城高原ロッジ
@satomi24jp

082
曽爾高原
サン・ビレッジ曽爾
@wataru_sky_sky_

083
生石高原
生石高原キャンプ場
@y_k_camera

084
白崎海岸
白崎海洋公園
@_saecam_

085
橋杭岩
潮岬望楼の芝キャンプ場
@yuusuke.morimoto

絶景に泊まる

2023年8月　第1版第1刷発行

企画・編集制作	株式会社JAFメディアワークス	発行人	日野眞吾
	Tokyo29株式会社	発行所	株式会社JAFメディアワークス
	千葉慎也		〒105-0012
	峰村佐恵		東京都港区芝大門1-9-9
	千葉加奈子		野村不動産芝大門ビル10階
	高安 唯	電話	03-5470-1711（営業）
	佐藤敬浩		https://www.jafmw.co.jp/
ライティング	長戸 秋	印刷・製本	共同印刷株式会社
	山本 葵		
	松本大次		
	鈴木博美		

Printed in Japan
ISBN978-4-7886-2396-5

Photo @caddis98さん